Brigitte

KINDER BASTELN

Brigitte
KINDER BASTELN

Von Gisela Könemund

Brigitte Edition
NAUMANN & GÖBEL

Die Autorin
Gisela Könemund lebt und arbeitet als freie Illustratorin in Hamburg.

Herausgeberin: Anne Volk
Lektorat: Ingrid Staneck/Marita Heinz
Typographie: Büro Dietmar Meyer
Produktion: Bernd Bartmann, G + J Druckzentrale
Satz: Alster-Lichtsatz GmbH, Hamburg
Lithografie: Offset Repro Team, Krefeld
Umschlaggestaltung: WirtzCologne
Gesamtherstellung: Naumann & Göbel
Verlagsgesellschaft mbH, Köln
Brigitte Edition in der Naumann & Göbel
Verlagsgesellschaft mbH, Köln

ISBN 3-625-10217-X

Inhalt

Vorwort

Wenn du ein Geschenk brauchst, dich verkleiden willst oder einen großen, bequemen Ohrensessel für dein Zimmer haben möchtest – mach's selbst! Sichere dir große und kleine Kartons, Schachteln jeder Art, Plastiktüten, Joghurtbecher und Zeitungen, ehe sie weggeworfen werden. Mach was draus! Nichts für die Ewigkeit – denn das Machen ist das Hauptvergnügen! Auch Korken, Wäscheklammern, Woll- und Stoffreste und vielerlei Küchenkram gibt es in jedem Haushalt.

Im Freien findest du Gras, Blätter, Zweige und Äste, Früchte und Zapfen. Aus solchen Fundsachen kannst du die tollsten Sachen basteln.

In diesem Buch findest du viele Anregungen und Ideen für Bastelarbeiten – von der winzigen Bonbonmaus bis zum Kaufmannsladen, in dem du selbst bedienen kannst. Fast alles kannst du allein machen. (Laß dir aber von den Großen helfen, wenn es zum Beispiel darum geht, einen riesigen Elektrokarton aufzuschneiden.) Einiges, was etwas kompliziert ist, kannst du von den Musterbögen im Buch abpausen. Das geht so: Lege ein Stück Pergamentpapier auf den Musterbogen und ziehe die gewünschte Linie mit einem Bleistift nach. Leg ein Stück Pauspapier auf das Papier (oder die Pappe oder den Stoff), auf das du die Vorlage übertragen möchtest und darauf wieder das Pergamentpapier. Wenn du jetzt die Linien nachzeichnest, paust sich das Bild auf deine Unterlage ab. Aber vielleicht stellst du ja fest, daß dir deine eigenen Entwürfe besser gefallen?

Welche Werkzeuge brauchst du? Ein kleiner Drillbohrer ist nützlich, um Löcher in Eicheln, Kastanien und Korken zu bohren. Außerdem: Schere, Messer, Näh- und Stopfnadeln, Garn, Filzstifte, Pinsel und Wasserfarben. Dann flüssigen Klebstoff und Klebeband: breites aus braunem Plastik für alle Karton-Basteleien, durchsichtiges Klebeband für kleinere Sachen und farbiges Klebeband zum Verzieren. Musterklammern und Sicherheitsnadeln sind praktisch, wenn du etwas befestigen oder zusammenfügen möchtest. Sie ersparen dir oft das Festnähen oder -kleben. Als Achsen für kleine Fahrzeuge brauchst du Holzspieße. Gut ist auch ein Vorrat an langen, bunten Pfeifenreinigern. Es sieht sehr hübsch aus, wenn man damit etwas umwickelt oder zusammenbindet. Für einige Basteleien brauchst du Tonpapier. Das mußt du dann im Papierwaren-Laden kaufen. Es ist ein sehr festes Papier, und du kannst unter vielen Farbschattierungen auswählen.

Wenn du ein wenig in diesem Buch geblättert hast, wird dir auffallen, was für tolles Bastelmaterial es überall gibt. Und daß du Sachen, die du bisher gar nicht beachtet hast, sehr gut brauchen kannst. Am besten, du legst dir gleich eine Sammelkiste an. Vielleicht wußtest du noch gar nicht, wieviel Fantasie du hast und wie geschickt du bist? Wetten, daß du immer öfter sagst: „Ich mach was draus"?

PAPIER + PAPPE

Das kannst du brauchen

Große Papprollen (Versandrollen)
Papprollen vom Küchenpapier + Toilettenpapier
Schuhkartons mit Deckel
Stabile Flaschenkartons
Große Kartons vom Elektrohändler
Kartons aus dem Supermarkt
Postpakete
Schachteln von Kosmetik, Glühbirnen, Filtertüten, Pralinen etc.
Eierkartons
Obsttüten
Streichholzschachteln
Feste Pappe, zum Beispiel Rückseiten von Zeichenblöcken
Zeichenpapier
Festes Tonpapier
Kreppapier
Seidenpapier
Zeitungen und Zeitschriften
Geschenkpapier
Tapetenreste
Wellpappe von der Rolle

Wer in dein Zimmer will, muß klingeln

Möchtest du, daß ein Türhüter dein Zimmer bewacht? Du brauchst dafür eine große Papprolle, 2 Meter Paketband, 1 Meter Kordel und 2 Schellen für die Arme, Wollfäden oder Papierschnipsel für die Haare und ein paar Sachen zum Anziehen. So wird's gemacht: Die Papprolle in vier Teile schneiden für Kopf, Rumpf und Beine (1). Aus dem Kopfteil das Mundloch herausschneiden und als Zunge hineinkleben (2). Die Löcher für Arme und Beine mit einer Schere bohren (3). Alle Teile miteinander verbinden (4).

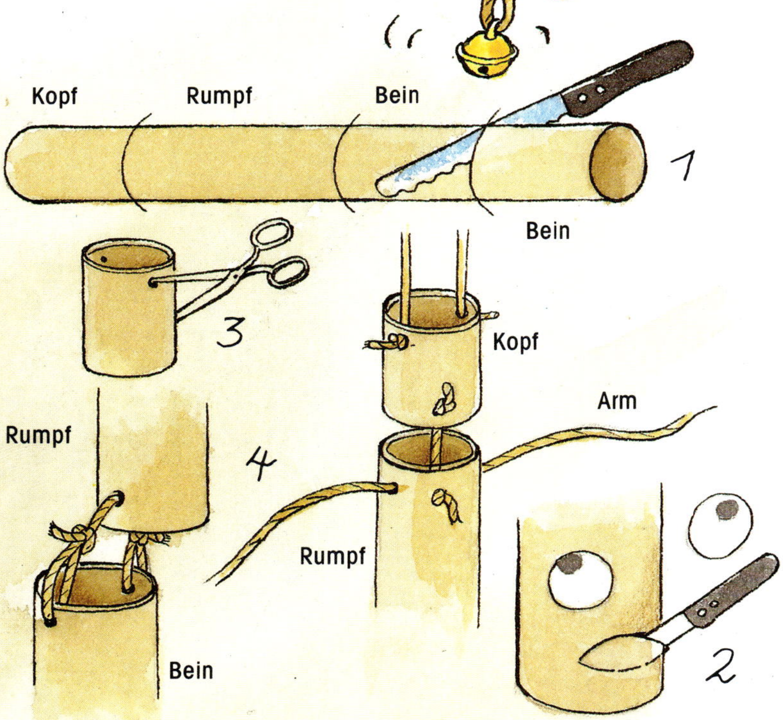

Der süße Leuchtturm

Er ist Schicht für Schicht mit Süßem gefüllt: ein Super-Geschenk! Dafür brauchst du: 1 Papprolle, 1 Flaschenkarton, 1 runde Käseschachtel, 1 Luftballon, 1 Stückchen Stoff, 1 großes Stück dünne Pappe, je 1 Bogen rotes und weißes Papier.

Nach den Arbeitsgängen 1 bis 5 den Leuchtturm am unteren Rand dick mit Klebstoff einstreichen und auf den Unterbau setzen. Nun eine Scheibe in den untersten Schlitz schieben, von oben Süßes einfüllen, die nächste Scheibe einschieben, füllen usw. Luftballondeckel aufsetzen. Auch geerntet wird von unten nach oben: Eine Scheibe herausziehen, hinter dem Vorhang liegt die Überraschung.

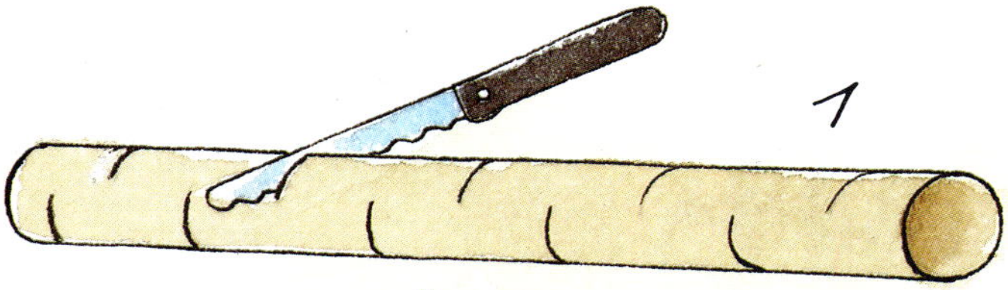

1. Papprolle zehnmal einschneiden.

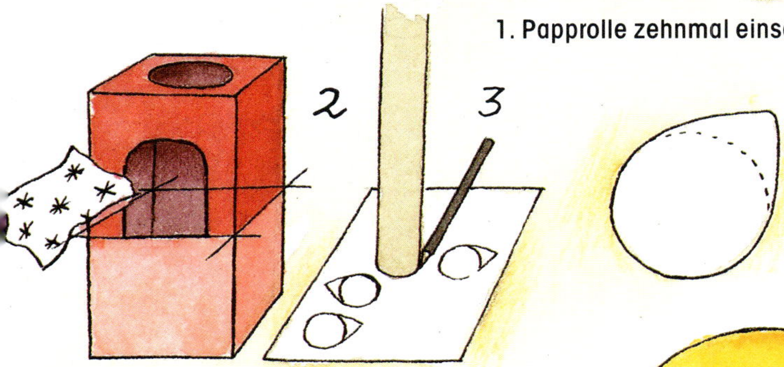

2. Flaschenkarton halbieren, Torbogen und obere Öffnung einschneiden.

3. Mit der Rolle zehn Kreise mit Lasche aufzeichnen, ausschneiden.

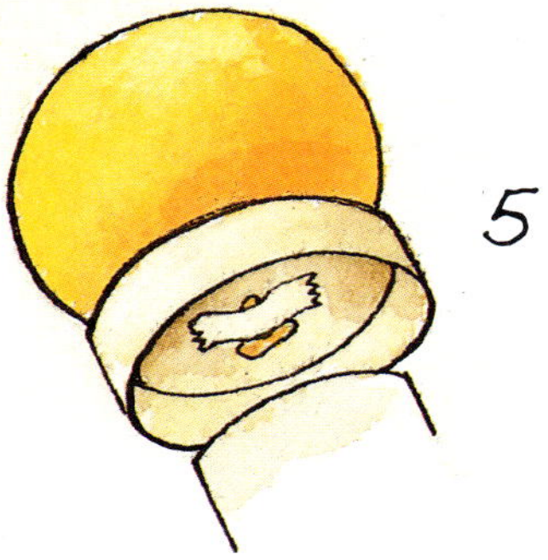

4. Rote und weiße Streifen um die Rolle kleben.

5. Luftballon aufblasen, verknoten und durch den Deckel der Käseschachtel ziehen. Festkleben.

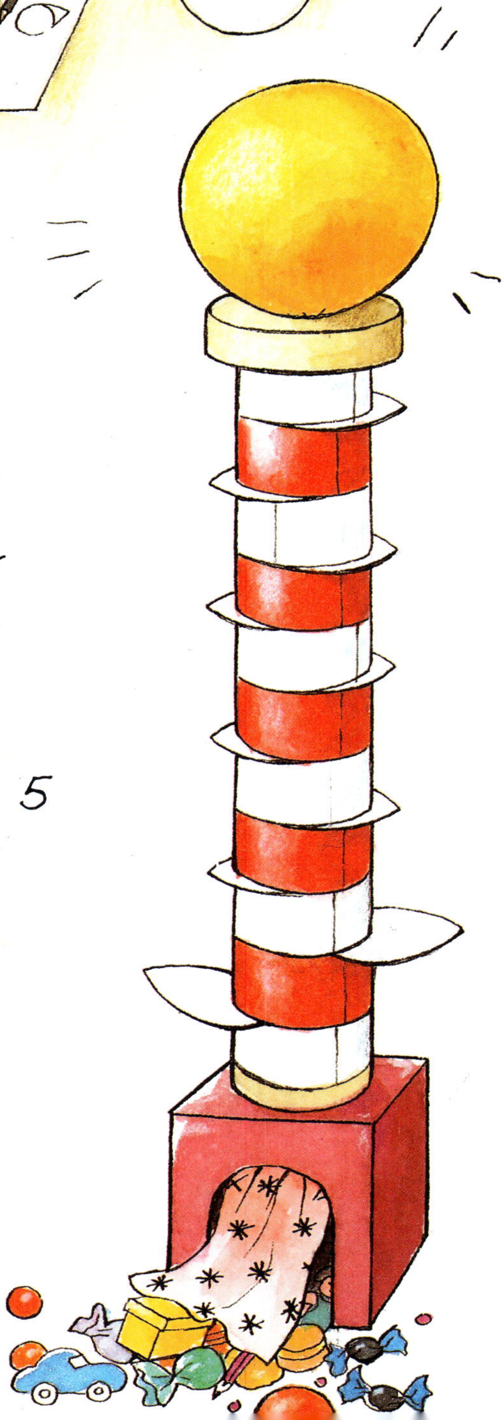

Ich sehe was, was du nicht siehst

Mit dieser Wunderröhre kannst du um die Ecke oder auf den Schrank gucken. Zwei eingeklebte Spiegel machen es möglich. Du brauchst dafür 1 Papprolle, wie man sie zum Versenden von Zeichnungen nimmt, 2 runde Taschenspiegel, 1 Stück Pappe (z. B. die Rückseite von einem Zeichenblock), Klebstoff und farbige Klebestreifen zum Verzieren.

Zuerst schneidest du aus der Röhre 3 cm vom Rand ein Stück heraus. Das legst du auf der gegenüberliegenden Seite unten als Muster auf. Umranden und ebenfalls ausschneiden (1). In die entstandenen Öffnungen werden zuerst Pappkreise (2), dann die Taschenspiegel geklebt (3). Andrücken und eine Weile festhalten. Nun kannst du die Röhre noch mit Klebeband verzieren (4).

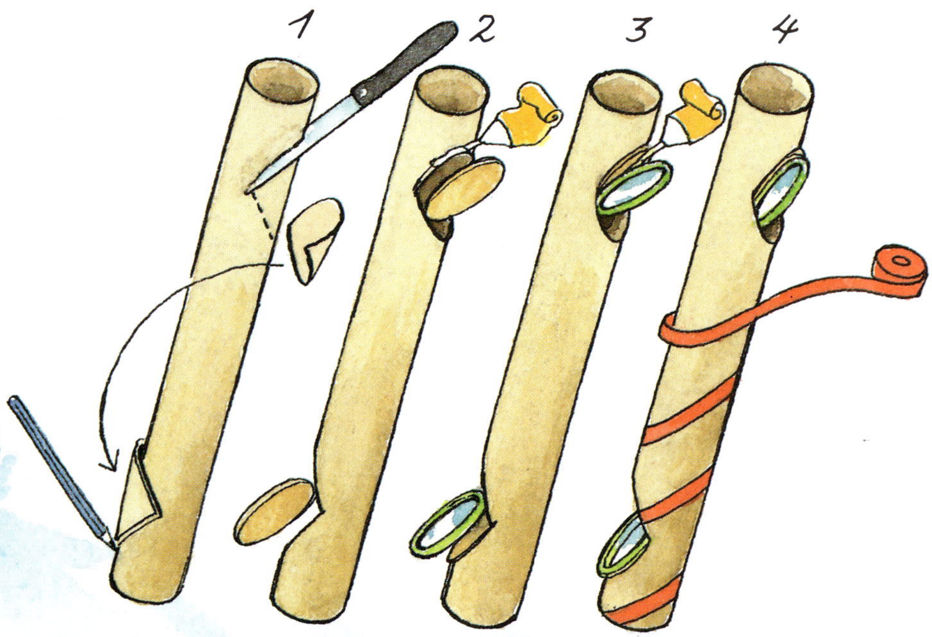

Ein Wald voller Überraschungen

Wenn du ihn als Adventskalender benutzen willst, brauchst du 24 Papprollen (z. B. vom Toilettenpapier), 12 Bogen grünes Seidenpapier (oder rotes, gelbes und braunes für einen Herbstwald) und 2 große Bogen Pappe. Auf die Stämme (Rollen) schreibst du für den Adventskalender Zahlen, sonst Namen, Grüße, Glückwünsche, Gedichte – was du willst. Damit dein Wald standhaft wird, schneidest du aus Pappe 24 Pappkreise. Darauf klebst du die Bäume. Dann füllst du sie mit kleinen Überraschungen. Einen halben Bogen Seidenpapier knüllen und als Baumkrone auf den Stamm setzen.

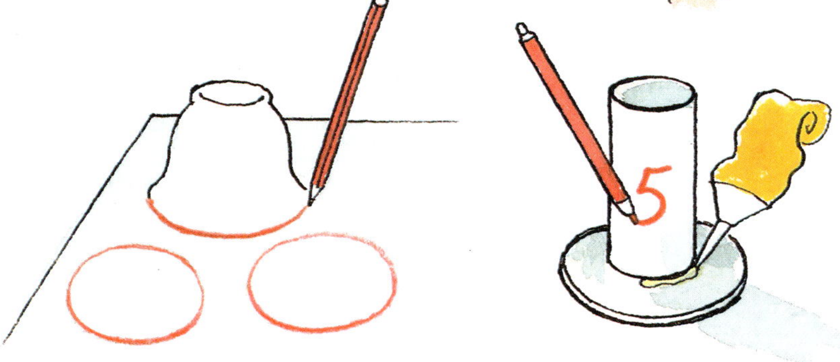

Zauberburg

Wenn sie fertig ist, kannst du prima damit spielen. Du brauchst: 1 Deckel vom Stiefelkarton, 2 Schuhkartons, 1 Flaschenkarton, 3 unterschiedlich dicke Papprollen und 3 Rollen vom Toilettenpapier, 9 Streichholzschachteln, 1/2 Bogen Tonpapier, Streichhölzer, 1 Käseschachtel.

Die Unterkante des Schuhkartons mit Klebstoff einstreichen und in die hintere Ecke des großen Deckels kleben. Türme, Haus und Treppe, wie in der Zeichnung zu sehen ist, ebenfalls ankleben. Fenster mit schwarzem Filzer aufmalen. Fensterläden und Türen aus Tonpapier zuschneiden, mit Filzer schwarze Streifen aufmalen und ankleben.

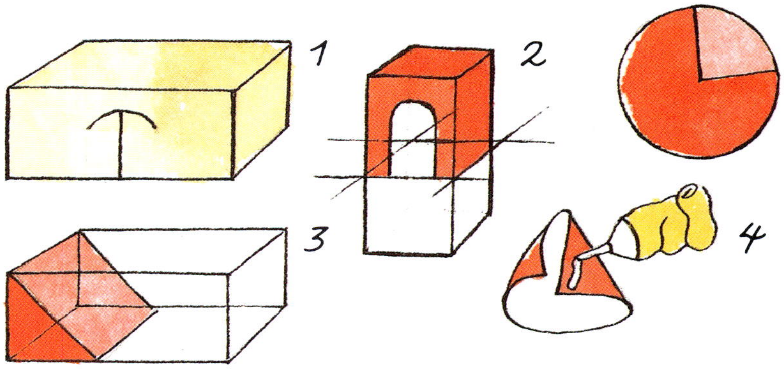

1. Hauptgebäude: Flügeltor in einen Schuhkarton schneiden.

2. Aufbau: Flaschenkarton halbieren, Tor ausschneiden.

3. Dach für den Aufbau aus einem Schuhkarton schneiden.

4. Turmdächer: Kreise aus Tonpapier einschneiden und zusammenkleben.

Bau dir ein Haus mit Balkon

Laß dir bei diesem Hausbau von den Großen helfen. Du brauchst einen großen, stabilen Karton für das Haus und einen kleineren für den Balkon (Elektrofachhandel, Umzugskartons). Zuerst eine Seite herausschneiden (1). Das ist das Dach (2). Als nächstes einen Türausschnitt machen (3).

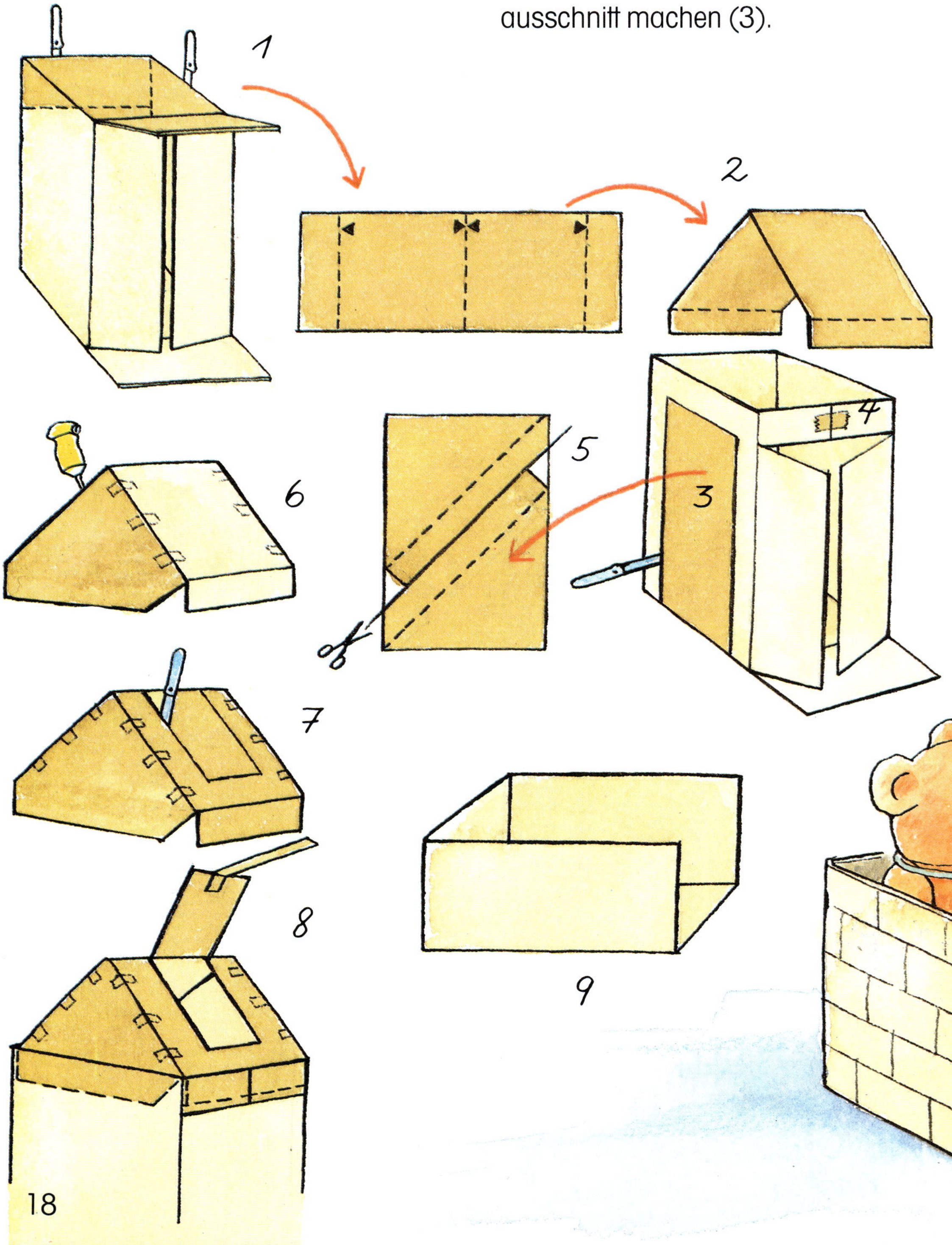

Der Schornstein ist ein Flaschenkarton.

Die Klappen der offenen Seite zehn cm vom Rand einschneiden und den oberen Teil zukleben (4). Das aufgeschnittene Tür-Stück wird zweimal als Giebel aufgezeichnet (5). Dann die Giebel an das Dach kleben (6). In das Dach eine Klappe schneiden (7). Pappstreifen zum Öffnen ankleben (8). Dann wird der Karton für den Balkon (ca. 40 cm hoch) zurechtgeschnitten und angeklebt (9). Dein Haus ist fertig – du kannst schon einziehen. Du kannst es aber auch noch bemalen oder bekleben und dir mit Topfpflanzen einen Garten anlegen.

Kleiderständer

Findest du manchmal deine Sachen nicht? Dieser stumme Diener bewahrt sie für dich auf. Und er lacht auch noch, wenn er schwer bepackt ist. Er wird aus einem großen, stabilen Karton geschnitten. Laß' dir dabei helfen. Bemalen kannst du ihn dann wieder allein.

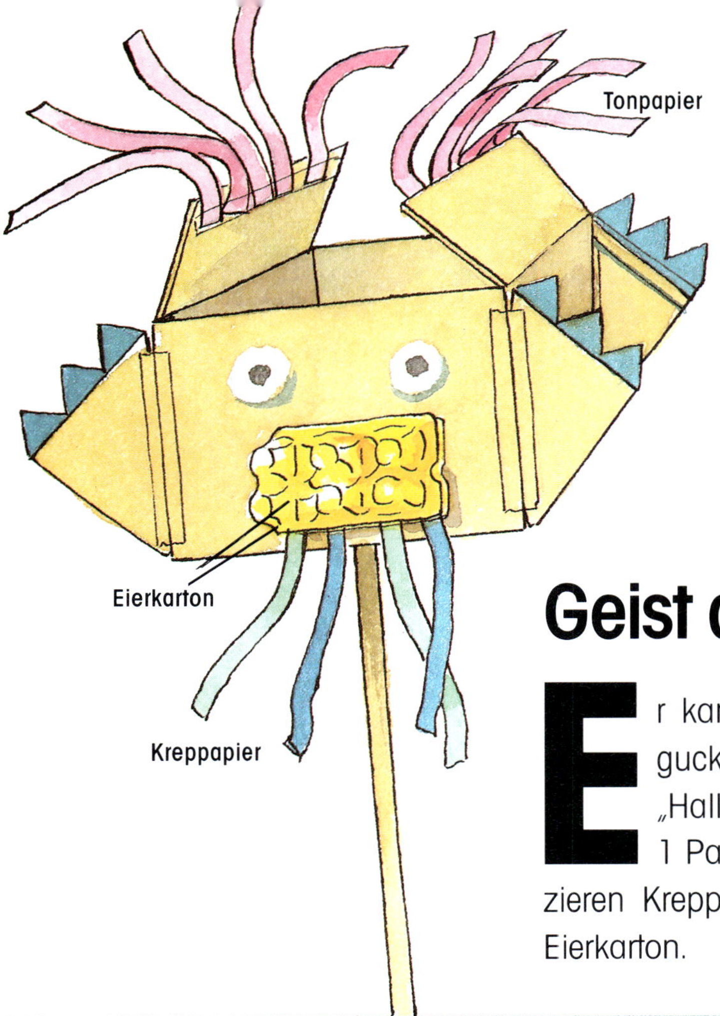

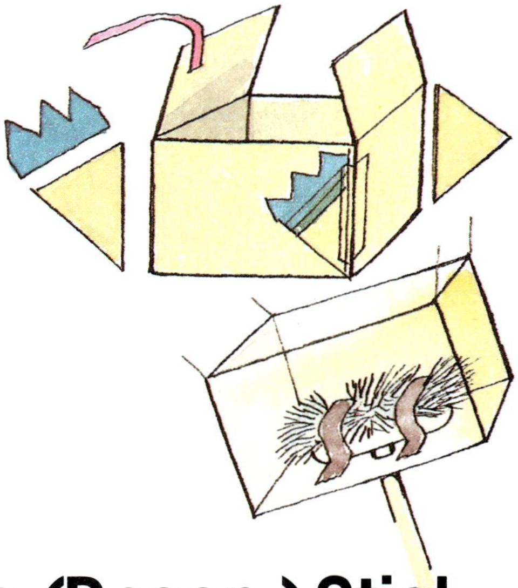

Geist am (Besen-)Stiel

Er kann bei deinem Freund ins Fenster gucken und mit tiefer Stimme sagen: „Hallo, wie geht's?" Du brauchst 1 Besen, 1 Pappkarton, Klebeband und zum Verzieren Kreppapierbänder, Tonpapier und einen Eierkarton.

Filmpremiere im Kartonkino

Du bist der Filmvorführer und drehst die Scheibe ganz langsam herum. Durch das Loch in der Karton-Vorderseite kann der staunende Kinobesucher dann sehen, wie das Huhn bunte Eier legt. Für den Bau benötigst du 2 gleichgroße Kartons, 1 Briefbogen, rotes Klebeband, Klebstoff, 1 Musterklammer.

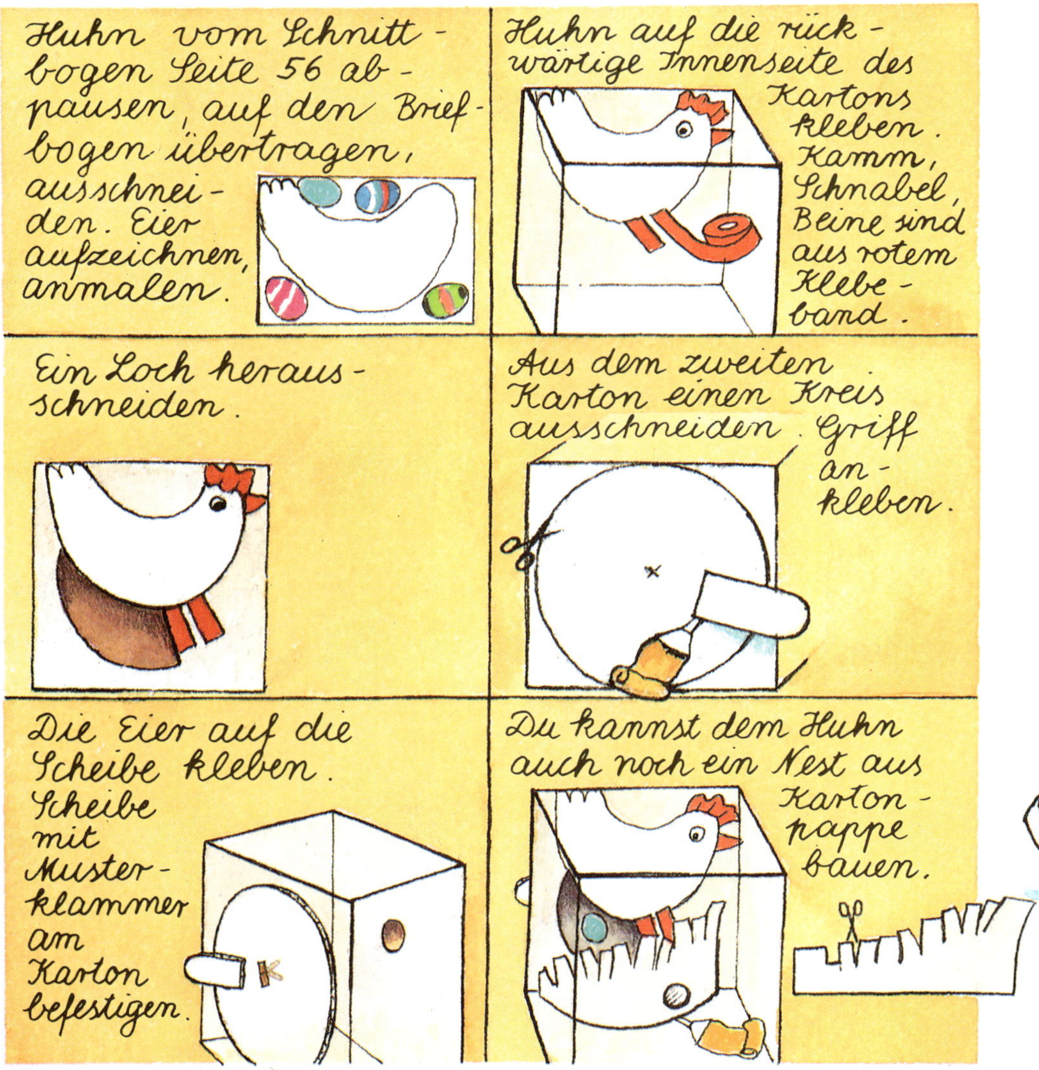

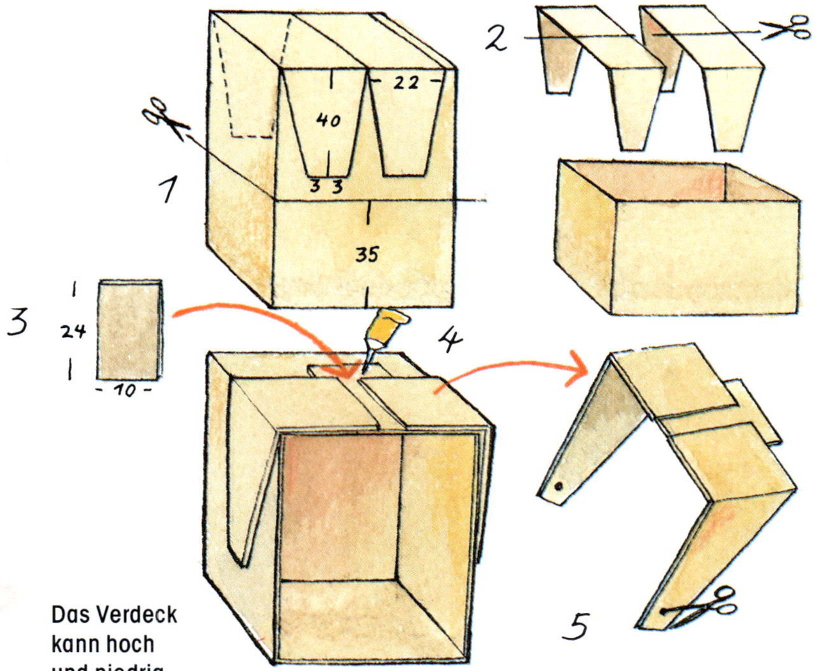

Das Verdeck kann hoch und niedrig gestellt werden.

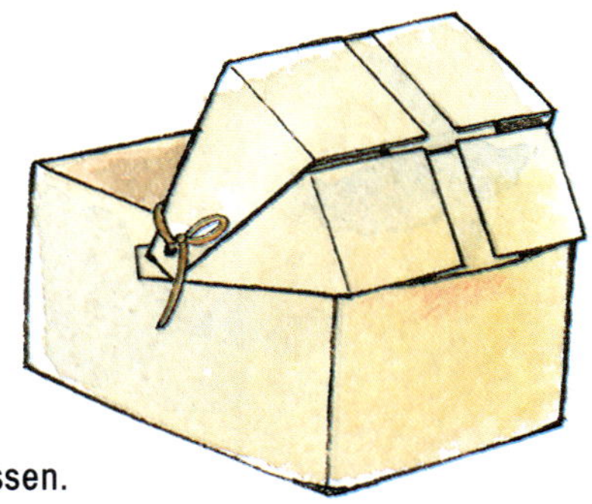

Mit blauem Klebeband einfassen.

Der Griff ist eine eingeschnittene Papprolle.

Puppen-wagen

Du brauchst einen Karton, etwa 80 x 50 x 50 cm groß. Davon von unten 35 cm abschneiden. Das wird der Wagen. Von der oberen Hälfte zweimal 22 cm abmessen und anzeichnen. Die Mitte (11 cm) anzeichnen, 40 cm nach unten messen. Dort je 3 cm rechts und links abmessen und die Verbindungslinie nach oben zeichnen. Jetzt hast du das Verdeck aufgezeichnet (1). Ausschneiden und die Verdeckteile in der Mitte durchschneiden (2). Ein Stück Karton (24 x 10 cm) zuschneiden (3). So unterkleben, daß hinten 2 cm überstehen (4). Das zweite Teil genauso zusammenkleben. Nun bohrst du mit der Schere die Löcher zum Festbinden in Verdeck und Wagen (5). Vorher anpassen! Die überstehende Pappe am Verdeck nach innen stecken. So steht es fest auf dem Karton.

Ohrensessel

Du brauchst ein Postpaket (30 x 50 x 20 cm) und einen großen Karton (80 x 50 x 50 cm). Zuerst überträgst du die Maße aus Zeichnung 1 auf den großen Karton. An den blauen Linien entlang ausschneiden. Postpaket mit Pappstücken stabilisieren (2) und in den großen Karton hineinstellen. Vom Sitz bis zur Sesseloberkante maßnehmen (3 A-B). Dieses Maß auf das obere Kartonstück übertragen (3 B-C). Überstehenden Rand von unten einritzen und das Kartonstück in den Karton hineindrücken (4). Den Sitz mit Klebeband befestigen. Die Kanten mit farbigem Klebeband einfassen. Die Pappohren ankleben.

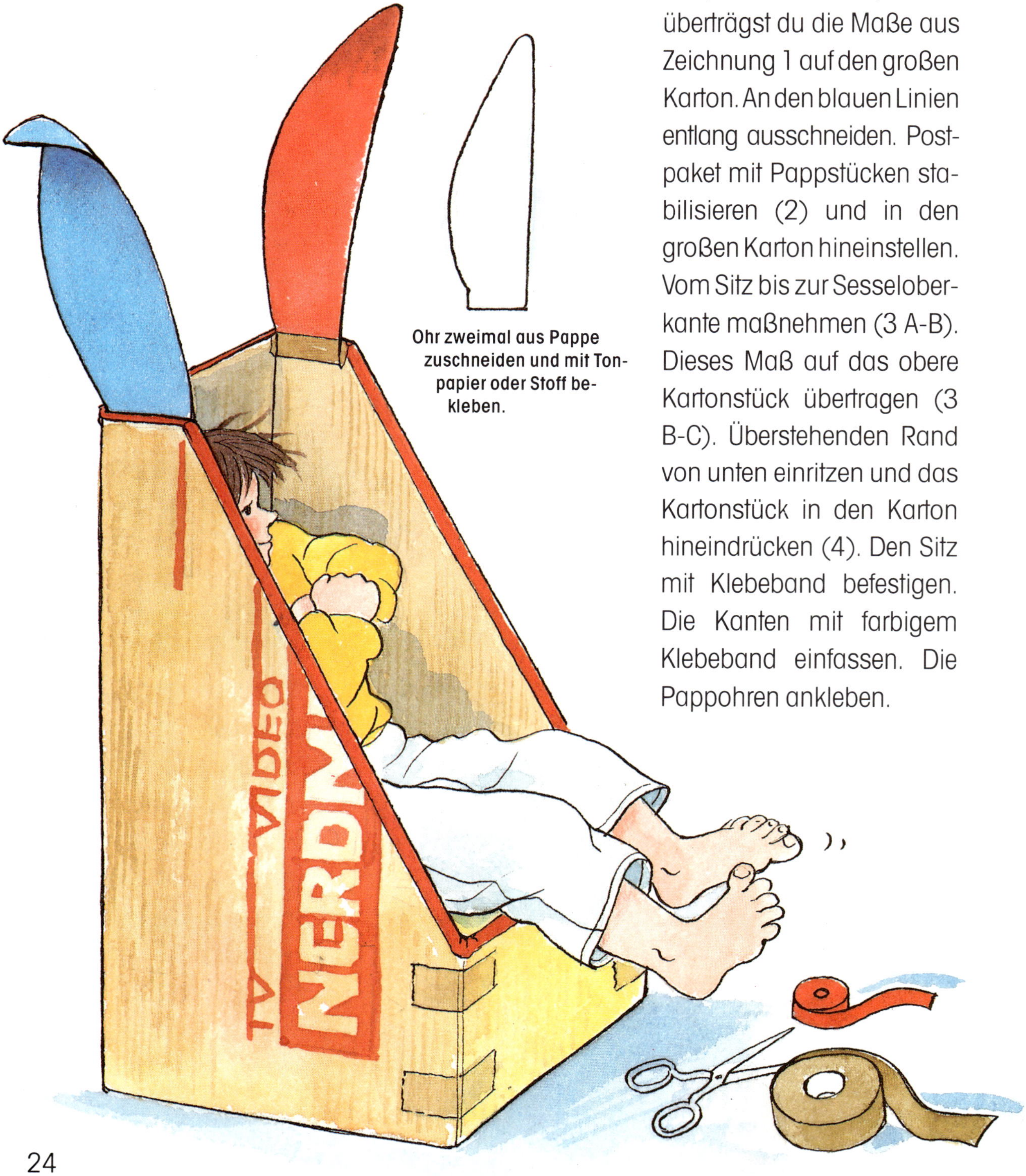

Ohr zweimal aus Pappe zuschneiden und mit Tonpapier oder Stoff bekleben.

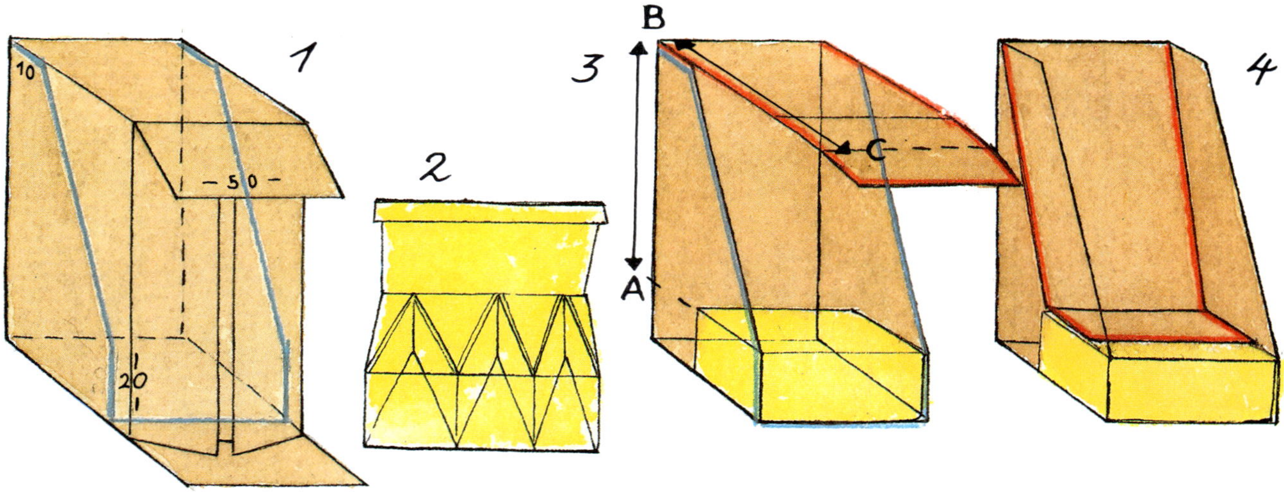

Windrad

Es saust bei Wind so schnell, daß du kaum hinterherlaufen kannst. Aus einem Flaschenkarton ist es leicht gebastelt. Wenn der Karton Unterteilungen hat, schneide zwei gekreuzte Pappen heraus (1). Wenn die Unterteilung fehlt, schneidest du sie selbst zu (2). Klebe sie auf zwei 17 cm große Kreise, die du aus den Karton-Seiten geschnitten hast. Du kannst dein Windrad noch bunt bemalen und bekleben.

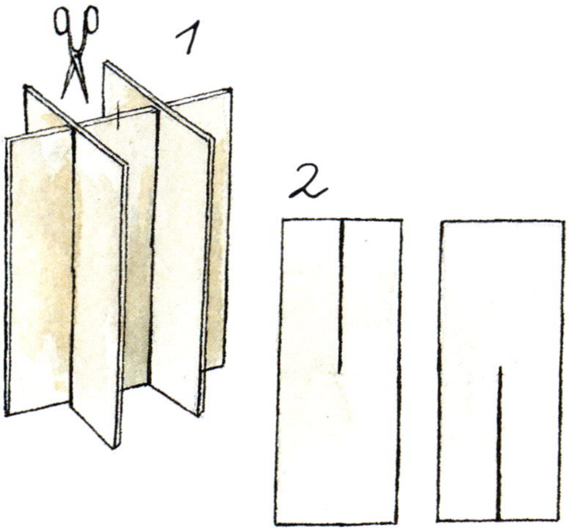

Witzige Verpackungen

Nasen-Schachtel:
Deckel aus einem Stück vom Eierkarton.

Für die Tüpfelmonster-Schachtel brauchst du einen Schuhkarton, Seidenpapier, etwas dünne Pappe (Heftdeckel), Filzer, Klebstoff, 2 Pfeifenreiniger, Paketklebeband. Zuerst klebst du den Deckel mit Klebeband an einer Schmalseite der Schachtel von außen und innen fest. An der anderen Schmalseite Halbkreise aus Kasten und Deckel herausschneiden. Augen zuschneiden, bemalen und aufkleben. Die Zähne doppelt zuschneiden und zusammenkleben – aber nicht die Spitzen: Die kannst du dann über den Schachtelrand klemmen. Das Seidenpapier knüllen und auf den Rücken kleben. Dann mit Filzern Pünktchen aufmalen. Die (Schuh-) Schachtel mit Schornstein hat einen schwarzen Deckel und ein aufgemaltes Mauersteinmuster. Den Schornstein füllst du mit Watte. Das Zottelmonster ist eine mit Geschenkpapier-Fetzen beklebte Kosmetikschachtel. Auf die Deckellasche Ohren, Zunge und Augen aufkleben. Schlitze für die Zunge einschneiden. So kannst du die Schachtel fest verschließen.

Kullerspiele

Schneide zuerst aus einer Filterpapierschachtel die obere Fläche heraus. Stabilisiere ihre Ecken mit Klebeband (1). Auf das abgeschnittene Stück das Gesicht mit dem großen Maul und die Sperren zeichnen. Alles ausschneiden (2). Die neun Sperren falzen (3) und in die Schachtel kleben. Alles anmalen. Seidenpapier als Haar hinter das Gesicht stopfen (4). Eine kleine Holzkugel soll vom Startfeld durch Bewegen der Schachtel in das Maul rollen. Sie darf nicht in den roten Ecken landen! Das zweite Spiel entsteht aus einem Stiefelkarton.

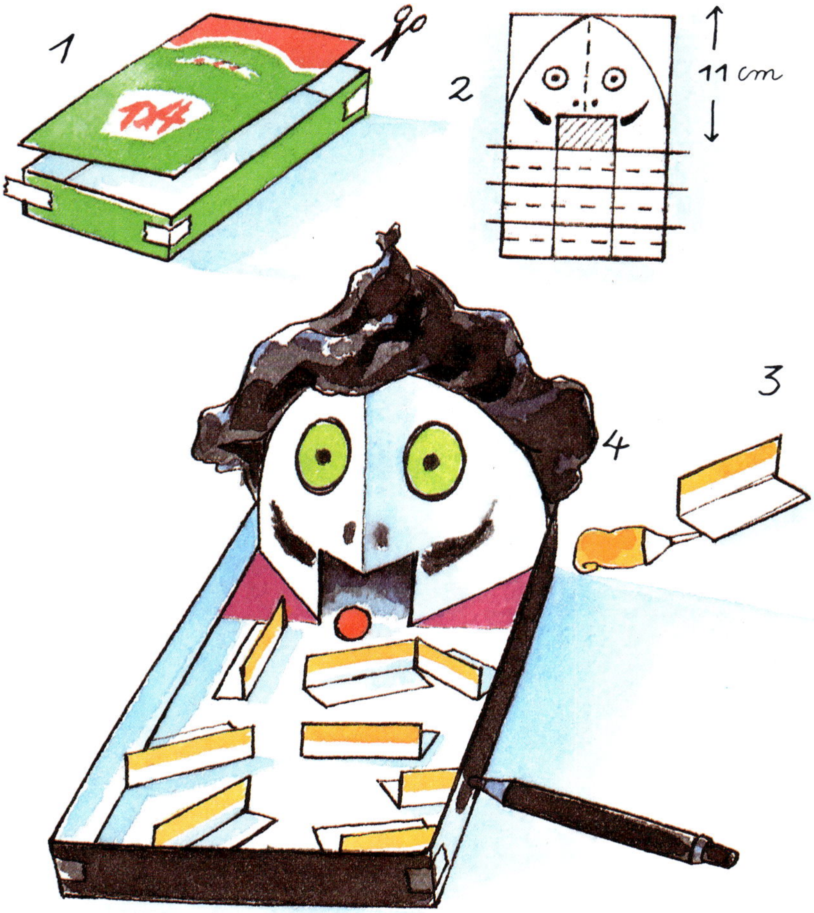

Spielregel:
Jeder hat fünf Würfe. Wer durch ein Tor kommt, darf sich 50 Punkte anschreiben. Rollt die Kugel hinten wieder heraus, gibt's 100 Punkte.

Spiel 2:
Schneide in einen Stiefelkarton vorn und hinten je drei Öffnungen. Verziere den Karton wie du magst.

Verkleiden mit Schachteln

Große Füße und große Ohren – möchtet ihr die einmal haben? Jeder, der mitmachen will, braucht drei Schuhschachteln, zwei Obsttüten, Pfeifenreiniger, Wollreste oder Gras, Klebstoff, Klebeband, Filzer, Knüllpapier und etwas Band. Für die Riesenlatschen stellt ihr eure Gummistiefel in zwei Schuhkartons. Der überflüssige Platz wird mit Knüllpapier ausgefüllt. Längs und quer mit breitem Paketband zukleben – fertig! (Vorsicht, das Band klebt stark – keine Lederstiefel nehmen!). Jetzt könnt ihr den Karton noch bemalen oder bekleben.

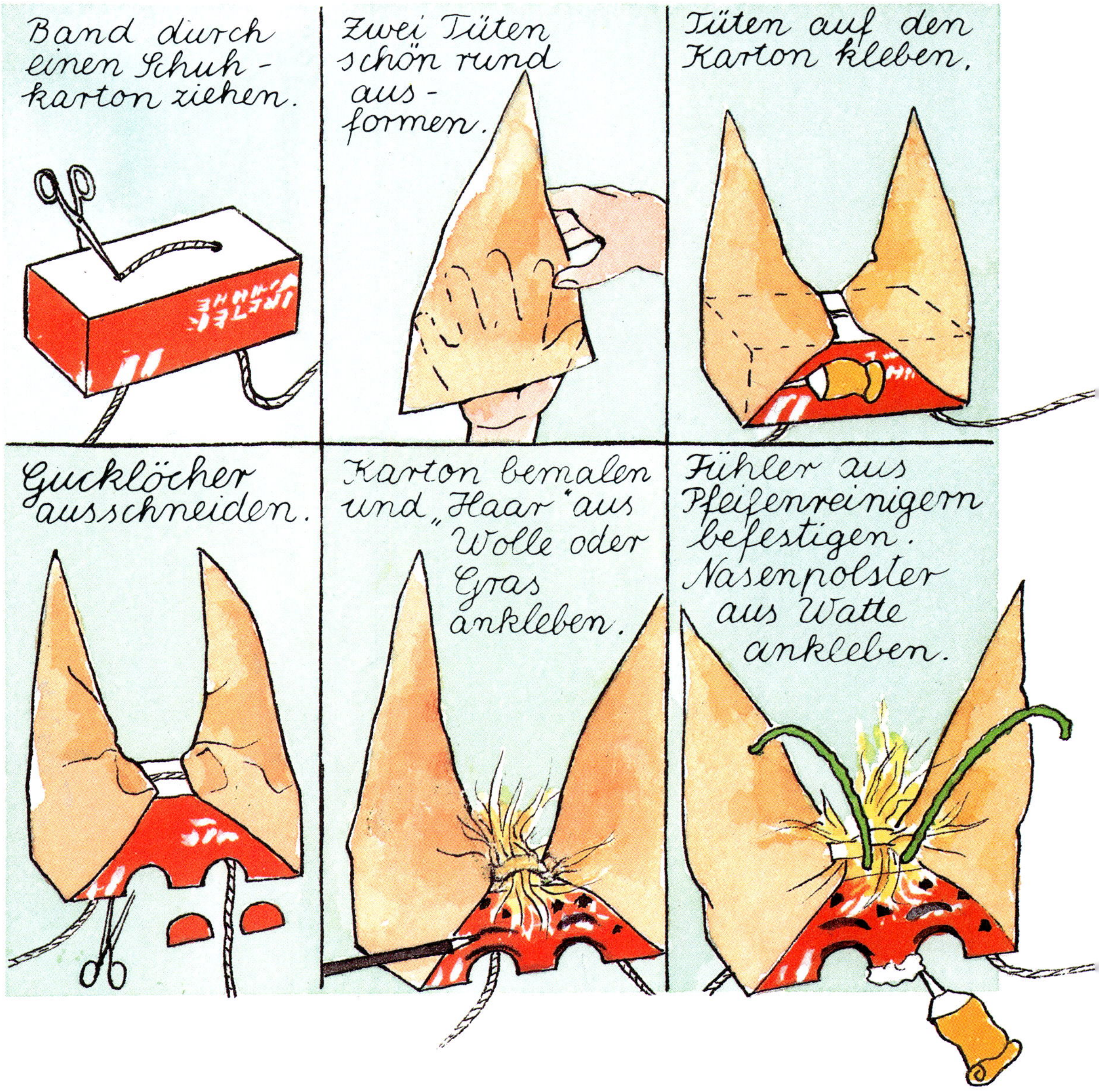
Band durch einen Schuh-karton ziehen.
Zwei Tüten schön rund aus-formen.
Tüten auf den Karton kleben.
Gucklöcher ausschneiden.
Karton bemalen und „Haar“ aus Wolle oder Gras ankleben.
Fühler aus Pfeifenreinigern befestigen. Nasenpolster aus Watte ankleben.

Möblierte Wohnung mit Dachterrasse

Du brauchst für die Wohnung einen Schuhkarton, für die Treppe eine etwa 5 cm tiefe Schachtel (z. B. von Staubsaugertüten) und für das Dach die abgeschnittene Ecke einer Schachtel. Klebe die fertige Treppe in den Schuhkarton. Schneide am Ende der Treppe eine Öffnung hinein. Die „Mauer", die um die Dachterrasse läuft, schneidest du aus dem Rest der Treppenschachtel zu. Stell' den Karton in den Deckel, dann kann die Wohnung möbliert werden.

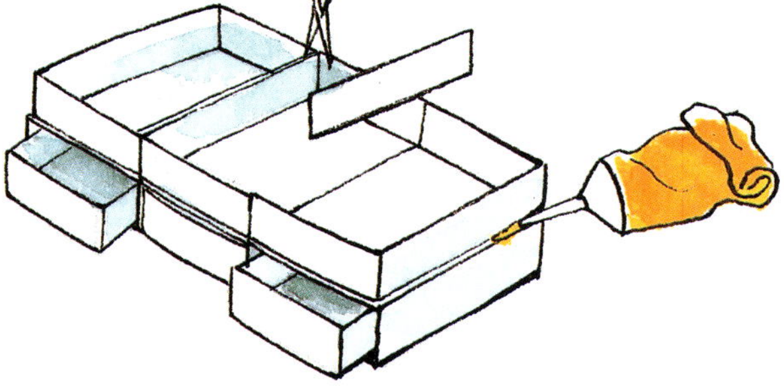

Bett mit Bettkasten

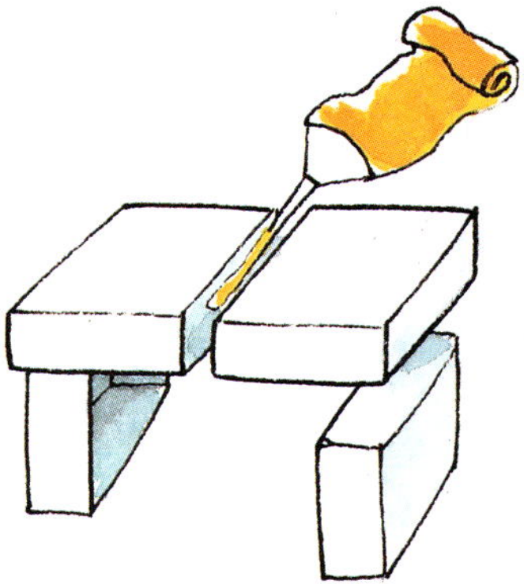

Tisch

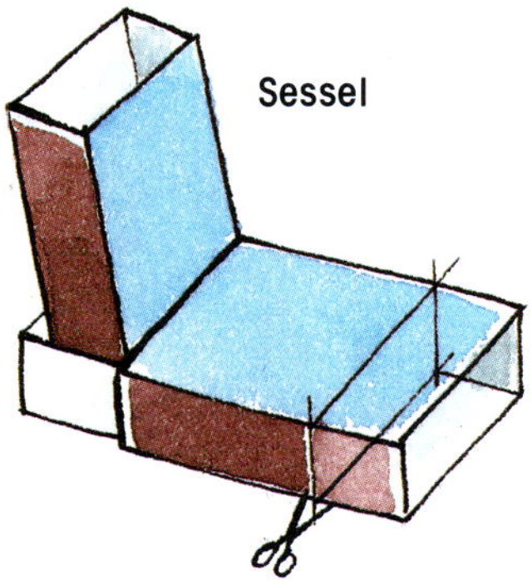

Sessel

Alle Möbel werden aus Streichholzschachteln hergestellt. Damit sie echt aussehen, beklebst du sie mit Buntpapier oder mit Filz (Schachtel aufs Papier legen, umranden, ausschneiden, aufkleben). Du kannst so jede Art von Möbeln bauen, z. B. auch Spüle und Kühlschrank für eine Puppenküche.

Sessel (läßt sich schräg stellen)

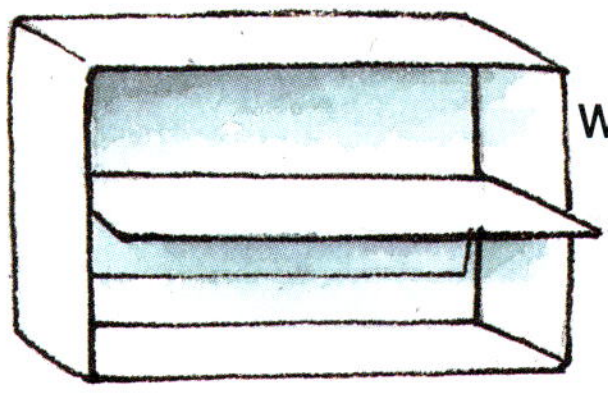

Wandregal

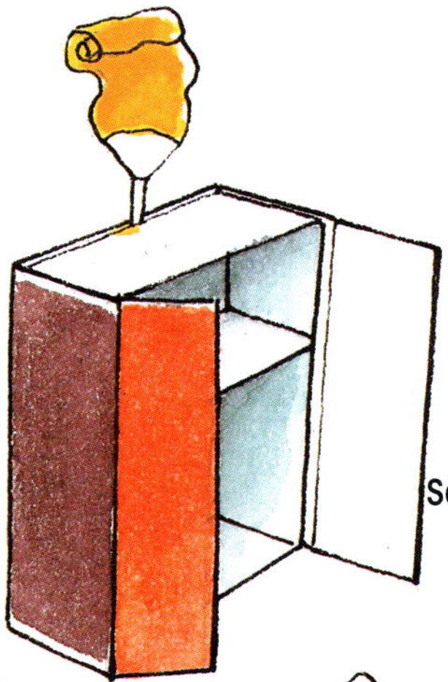

Schrank

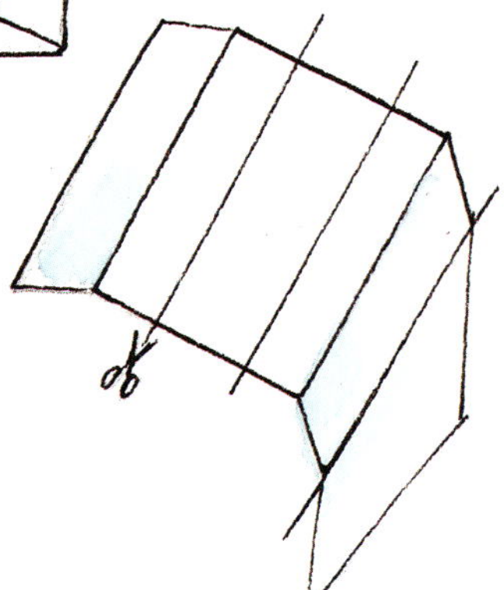

Regalbretter zuschneiden

Herd

Hier gibt's kleine Brötchen

Du brauchst für den Kaufladen 26 Streichholzschachteln, 20 Musterklammern und eine längliche Schachtel. Zuerst befestigst du 18 Musterklammern an 18 Streichholz-„Schubladen". Die übrigen „Schubladen" entfernen, die Schachteln dienen als offene Regale. Je drei Schachteln übereinanderlegen. Sechs solcher Dreier-Blöcke zusammenkleben. Je vier Schachteln an den Seiten aufstapeln und festkleben. In die Mitte die aufgeschnittene Schachtel kleben. Die Uhr entsteht aus einem leeren Klebstreifen-Ring. Darauf klebst du eine bemalte Pappscheibe als Zifferblatt. Deine Ware kannst du aus Salzteig selber kneten.

Salzteig:
500 g Mehl
500 g Salz
1/4 Liter Wasser
und 3 Eßlöffel Öl
zu einem Teig
verkneten.

Bimmelim – das Überraschungsauto

Dafür brauchst du 11 Streichholzschachteln. Und dazu: feste Pappe, 1 Trinkhalm, 3 Holzspieße, 2 Perlen und ein Glöckchen (Bastelladen). Außerdem Süßigkeiten zum Füllen der sechs Schubladen.

Die Bimmel hängt an einem Spieß. Der „Spoiler" aus Pappe und Perlen wird festgeklebt.

Der Affe läuft und läuft

Den Affen kannst du vom Schnittbogen (Seite 56) abpausen, auf feste Pappe übertragen und sorgfältig ausschneiden! Um die einzelnen Teile zusammenzufügen, brauchst du 4 Musterklammern, 120 cm dünnes Band und eine Perle. Mit Deckfarben oder Filzer anmalen.

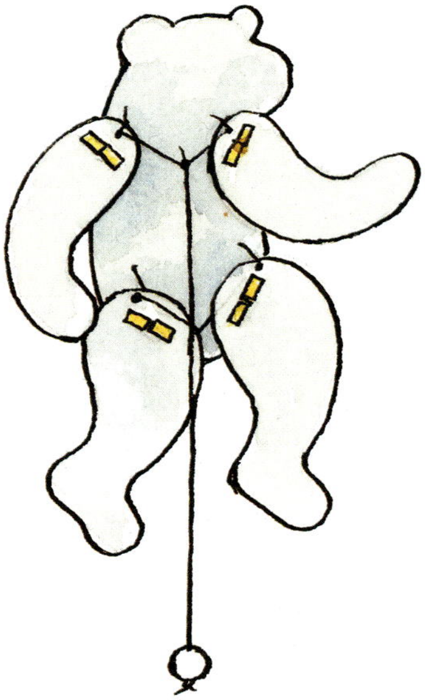

Stimmungsvogel

Wenn du traurig bist, läßt auch der Vogel den Kopf hängen. Hast du gute Laune, drehst du Kopf, Schnabel, Flügel und Schwanz in die Höhe: Dann sieht er ganz fröhlich aus. Du brauchst ein Stück Pappe, 5 Musterklammern, Buntpapier. Die sechs Teile vom Schnittbogen auf Seite 56 abpausen, übertragen, ausschneiden und von beiden Seiten mit Buntpapier bekleben. Jetzt bohrst du mit der Schere Löcher in alle Vogelteile (immer 1–2 cm vom Rand) und verbindest sie mit den Musterklammern.

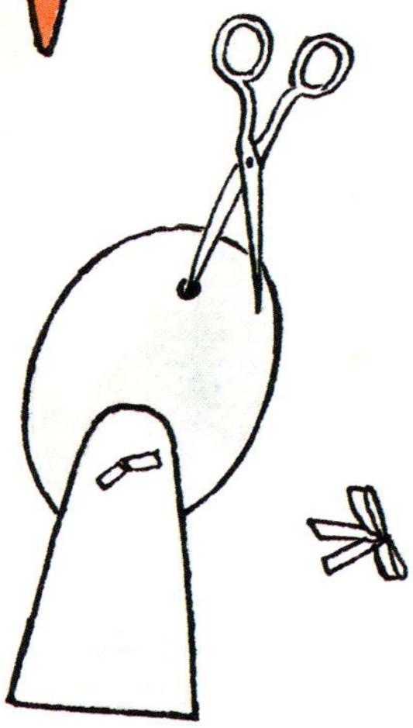

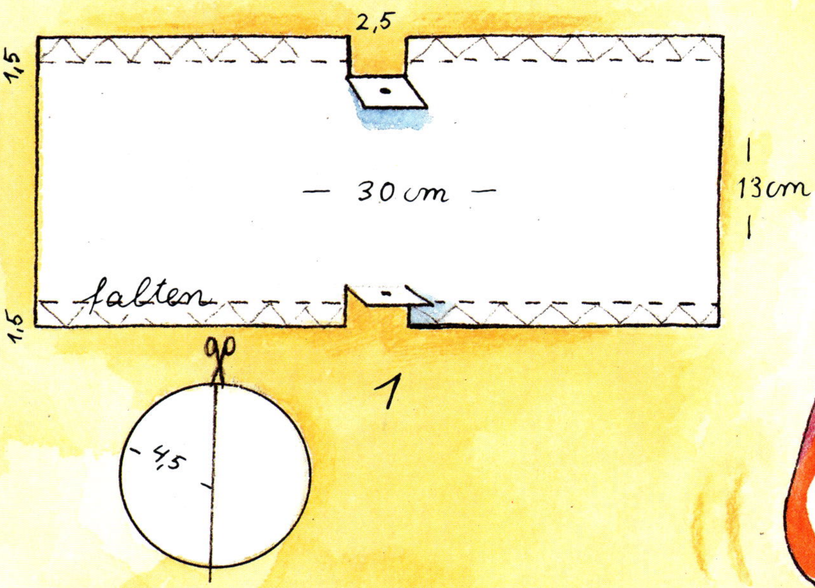

Wenn der Wind weht

Du brauchst nicht einmal damit zu laufen, – das bunte <u>Windspiel</u> dreht sich schon, wenn du die Stange ganz leicht bewegst. Du brauchst dafür 1 Besenstiel, 1 Grillspieß, 2 Perlen und Zeichenkarton. Zeichne das Rechteck und die (Halb)kreise auf Zeichenkarton (1). Male alles schön bunt an (aber nicht mit Wasserfarben, denn dann wellt sich der Karton und läßt sich schlecht formen) und schneide es aus. Eine Rundung formen, die Zacken nach innen drücken, mit Kleber bestreichen, einen Halbkreis daraufkleben (2). Die zweite Rundung entgegengesetzt formen. Nun kann das Windspiel auf den Besenstiel montiert werden.

Ohren Brillen Schnäbel

Plötzlich erkennt dich keiner mehr. Die Schmetterlingsbrille mit Nasenbügel und Fühlern aus Pfeifenreinigern, die Hasenmaske oder der spitze rote Schnabel haben dich total verändert. Du kannst die Formen von dem Schnittbogen auf Seite 58 abpausen und auf Tonpapier übertragen oder wie auf der Zeichnung (3) aufzeichnen. Nach dem Ausschneiden brauchst du nur noch ein Gummiband oder Wollfäden in Kopfweite durchzuziehen.

Tanzende Bären, Monster und Tüten

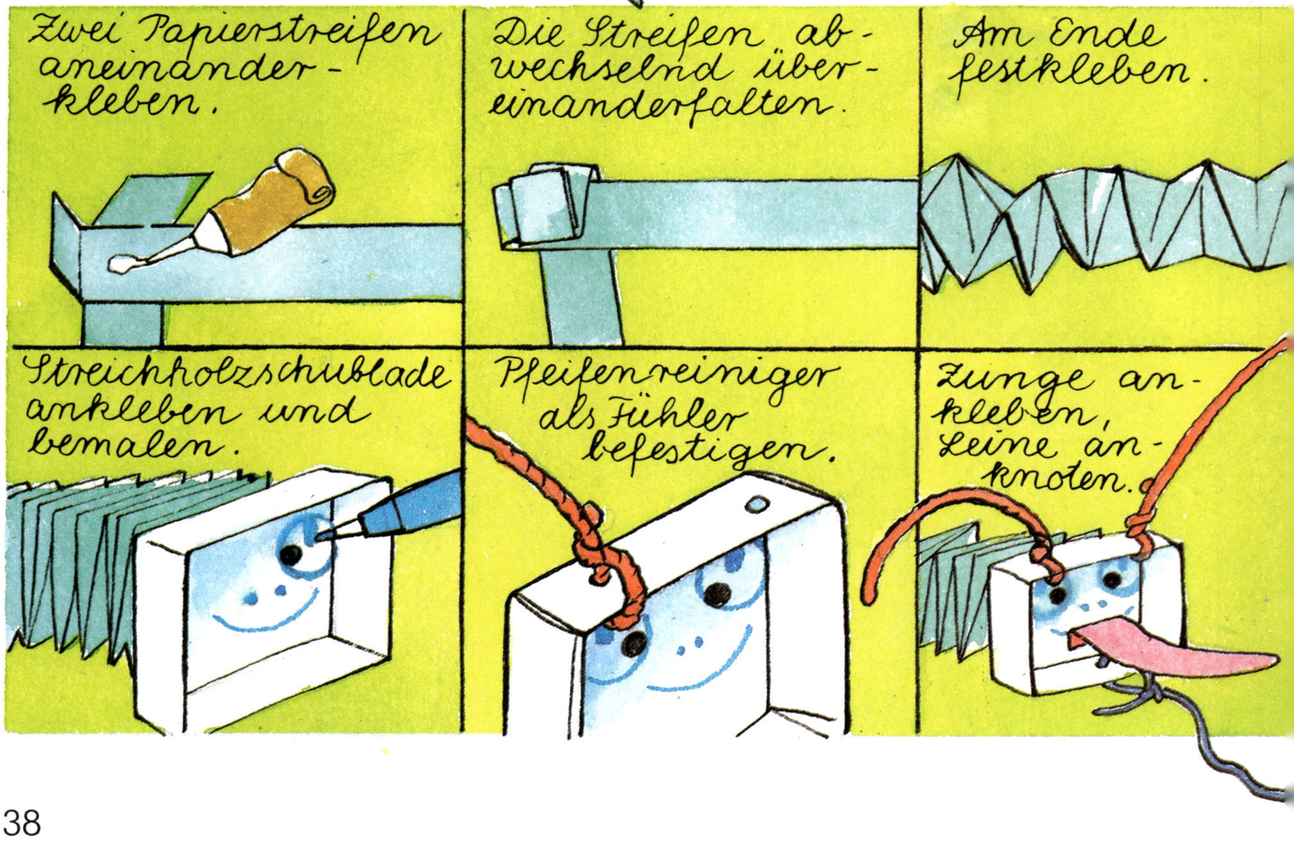

So wird aus einer Tüte eine Eule.

Der Bär vervierfacht sich, und du mußt nicht mal zaubern. Du mußt ihn nur einmal abpausen, ihn einmal auf einen dreimal gefalteten halben Briefbogen übertragen, ihn einmal ausschneiden – schon halten sich vier Bären an den Händen. Bemalt werden allerdings alle vier (oder 40 oder 400, je nachdem, wie viele 4er-Ketten du aneinanderkleben möchtest). Denk dir ruhig noch andere Figuren aus. Das kleine Monster mit dem Streichholzschachtel-Kopf kommt an eine Leine und wird deinen Freunden als dein neues Haustier vorgestellt.

Brauchst du Tüten für deinen Kaufladen? Dann falte ein Papierquadrat so, daß ein Rand übersteht (1). Rand ankleben (2). Untere Ecken zur Mitte falten (3). Faltung zurücknehmen (4) und nach innen schieben (5). Eine Spitze nach oben legen. Untere Spitze bis zur Linie falten (7). Obere Spitzen nach unten bis zur Kante falten (8). Festkleben.

Wenn Suse Geburtstag hat

Nachdem alles Süße längst aufgegessen ist, kann sie sich immer noch über diese <u>Torte</u> freuen: Eine Keksdose mit Krepppapier bekleben. Kreppapier-Bänder oder Seidenbänder umlegen und zu Schleifen binden. Mit Papierblumen und mit einem Lebenslicht schmücken.

Das Geburtstagskind nimmt auf dem Geburtstagsthron Platz, der mit Kreppapier-Fächern, Blüten und Bändern geschmückt ist.

Zur Geburtstagskrone gehört noch die Geburtstagsschleife: Halbiere eine Rolle Kreppapier. Jetzt hast du zwei lange Bahnen, die du aneinanderklebst. Vorsichtig eine Schleife binden. In den Knoten eine große Sicherheitsnadel stecken. Nun noch mit Glitzersternchen schön verzieren.

Du bist ein Hahn - ich ein Bonbon

Kreppapier ist ideal für Verkleidungen. Man kriegt's in vielen bunten Farben, und es läßt sich gut dehnen, einkrausen, kleben und schneiden.

Hahn: T-Shirt und Strumpfhose mit bunten Kreppapierschnipseln benähen. Federkragen (1) und Schwanz aus extra langen Pfeifenreinigern und Kreppapier (2) basteln. Hahnenkamm vom Schnittbogen auf Seite 58 abpausen, auf rote Pappe übertragen, ausschneiden und zusammenkleben.

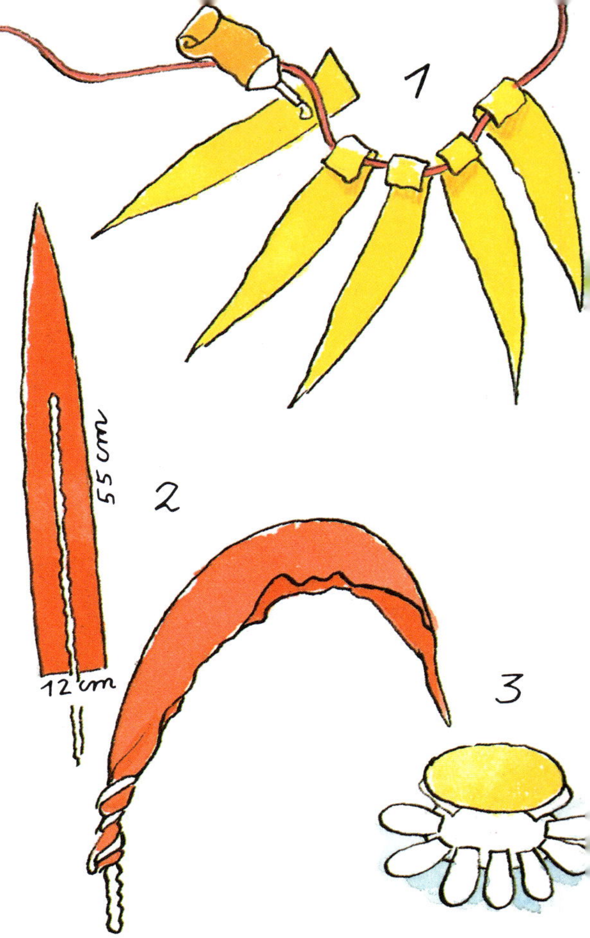

4 x zuschneiden 4

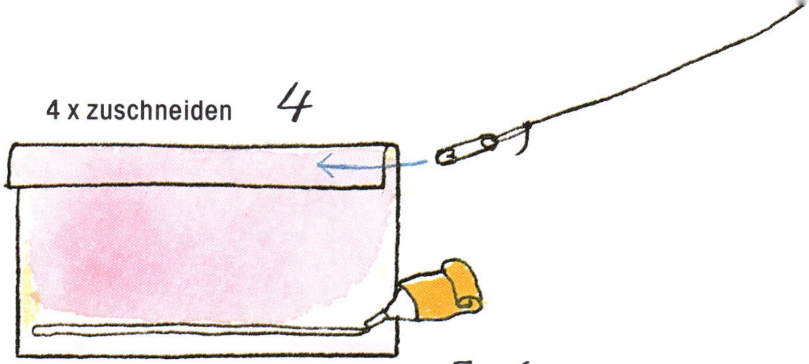

5 + 6

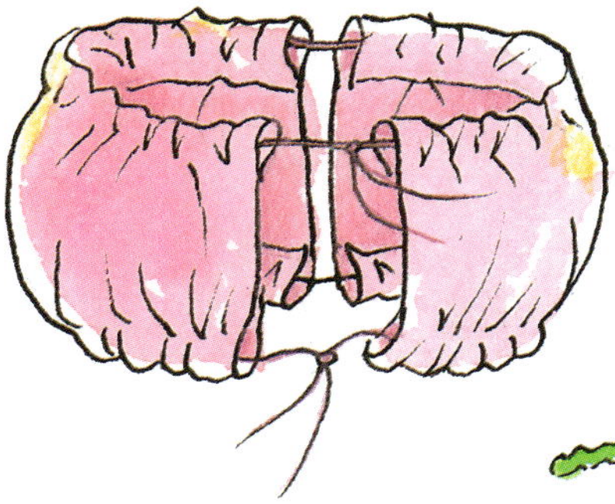

Kreppapier 70 x 50 cm
2 x falten 7

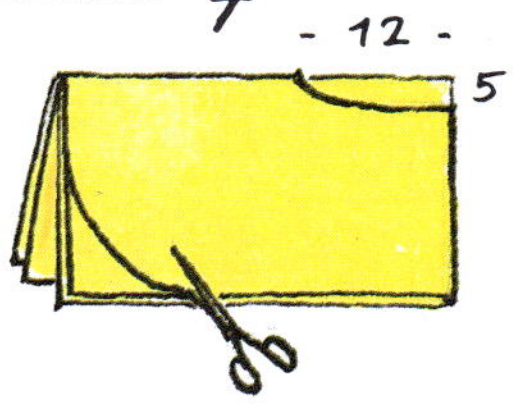

8

Gänseblümchen: Große Blätter aus Kreppapier schneiden und in einen Rock oder eine Hose stecken. Zehn gelbe Kreise ausschneiden, um fünf Kreise weiße Blätter kleben. Die übrigen Kreise darüberkleben (3). Die fertigen Blüten auf ein T-Shirt nähen. Eine Blüte im Haar befestigen.

Knall-Bonbon: Puffärmel und Pumphose haben denselben Schnitt (4). Den Rand so kleben, daß ein Tunnel entsteht. Durch den Tunnel mit einer Sicherheitsnadel Geschenkband oder Gummifaden ziehen (5 + 6). Für den Hut ein 75 cm langes Stück Kreppapier wie einen Bonbon drapieren.

Blitz und Donner: Den Kragen zuschneiden (7). Der Kopf muß bequem hindurchpassen! Einige Dreiecke ausschneiden. Jeweils zwei auf den Kragen legen, Pfeifenreiniger durchstecken (8) und zu „Blitzen" biegen. Auch in die Haare „Blitze" drehen.

Such dir ein Himmelbett aus

3

4

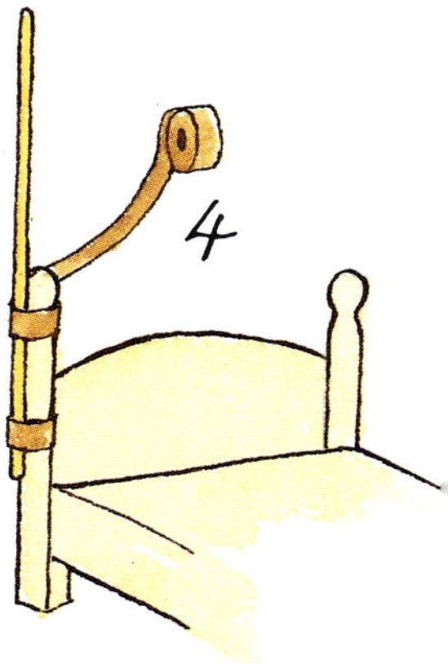

1

2

Stern in Originalgröße zum Abpausen.

Für das Zelt unter der Lampe brauchst du sechs Rollen Kreppapier, ein Stück Draht (oder einen langen Pfeifenreiniger). Vier Rollen in je vier Stücke schneiden. Alle Enden wie einen Blumenstrauß zusammenfassen und mit Draht oder Pfeifenreiniger zusammenbinden (1 + 2). Den Strauß über der Lampe am Kabel befestigen. Ordne die Streifen sorgfältig um dein Bett herum an. Sind sie zu kurz, kannst du sie verlängern (du hast ja noch zwei Rollen in Reserve). Wenn du ein Etagenbett hast, bekommt es einen Himmel. Drei Rollen blaues Kreppapier ausbreiten und der Länge nach zusammenkleben. Einige Sterne herausschneiden. Solange es hell ist, leuchten sie wunderschön am dunkelblauen Himmel. Wenn du möchtest, kannst du auch noch Bänder ankleben. Befestige den Sternenhimmel an den Bettpfosten (3). Wenn deine Bettpfosten zu kurz sind, kannst du sie mit Leisten und Klebeband verlängern (4).

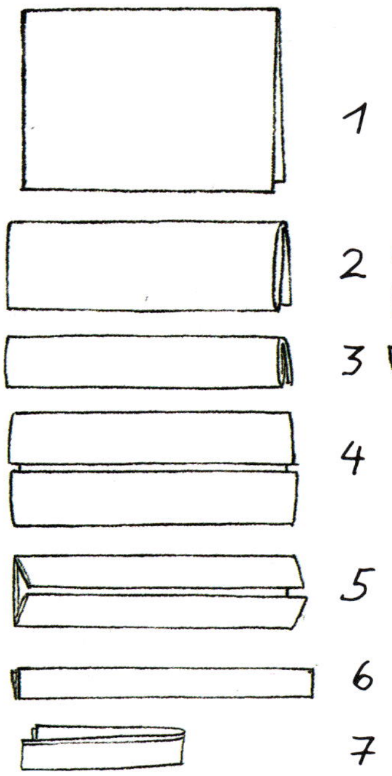

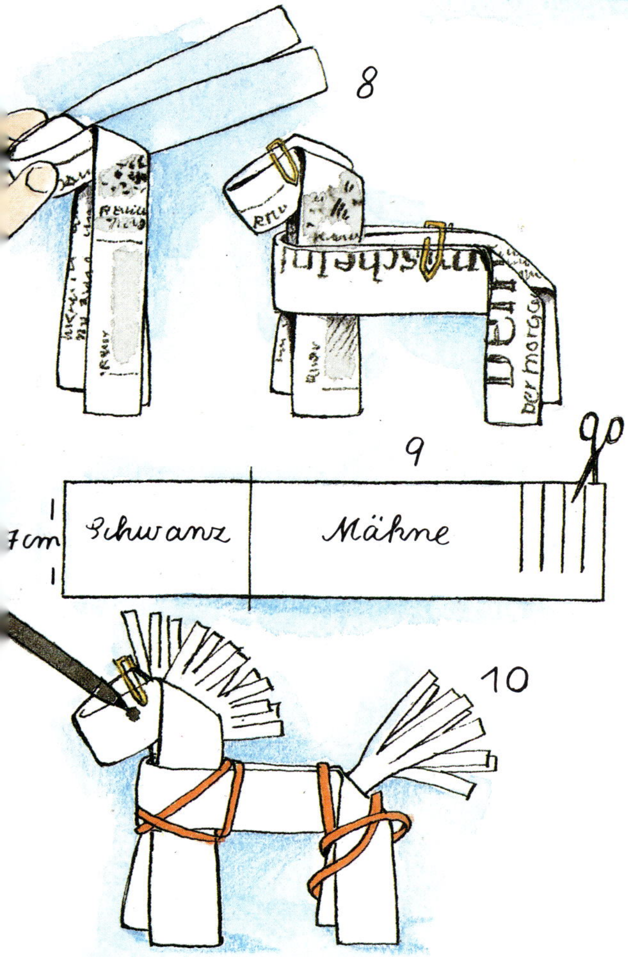

Falten und flechten...

Für das niedliche Pferd brauchst du nur zwei Zeitungsseiten. Falte beide Zeitungsseiten einzeln (1, 2 + 3). Die letzte Faltung wieder zurückklappen und von beiden Seiten zur Mitte falten (5). Noch einmal längs zusammenfalten (6), dann quer (7). Die beiden Streifen zusammenfügen (8). Aus einem Streifen werden Kopf und Vorderbeine, aus dem anderen Bauch und Hinterbeine.

Mähne und Schwanz zuschneiden und einschneiden (9). Das Pferdchen mit Gummibändern oder Wollfäden befestigen. Schwanz und Mähne in die Schlitze stecken (10).

Auch das Portemonnaie entsteht aus einem Zeitungsbogen. Falte eine doppelte Zeitungsseite kreuzweise (1). Dann oben und unten ein Dach falten (2). Spitzen umfalten (3). Beide Teile zur Mitte falten (4). Umdrehen (= Oberseite nach unten legen) und zur Mitte falten (5). Zusammenfalten (6). Wenn du jetzt tief in eins der entstandenen Fächer greifst, kannst du eine dreieckige Klappe herausholen (7). Ihre Spitze wird zum Verschließen des Portemonnaies in einen Schlitz gesteckt.

Für die lustigen Zöpfe nimmst du 6 halbe Zeitungsseiten (Hochformat). Jedes Stück dreimal übereinanderfalten. Je drei Stränge oben mit Klebeband fest umwickeln und flechten. Unten zusammenbinden und einschneiden.

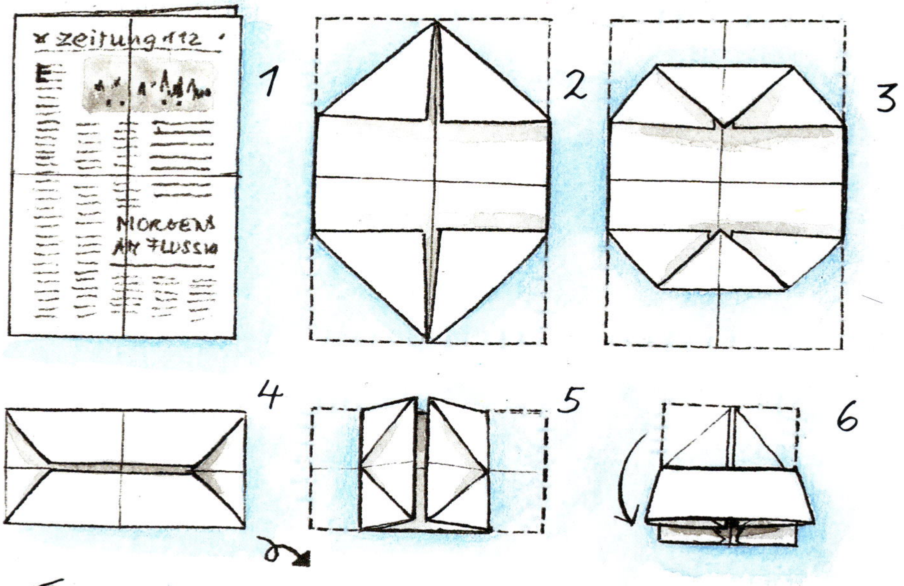

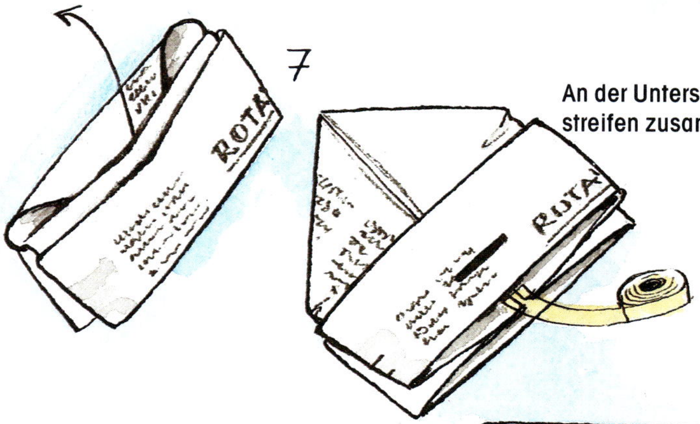

An der Unterseite mit Klebestreifen zusammenkleben.

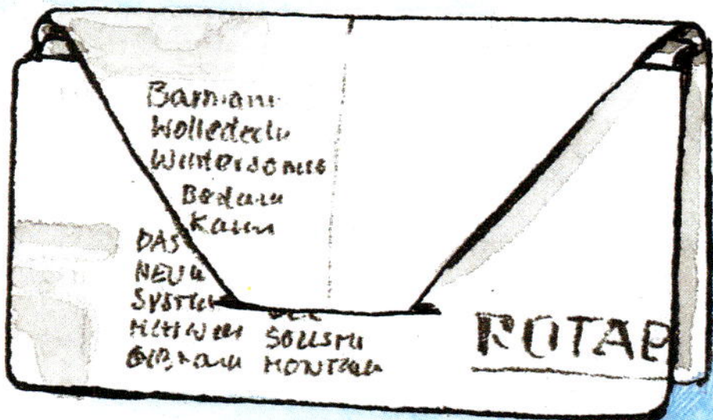

... und weben

Mit Zeitschriften-Seiten zu weben ist spannend. Du weißt ja vorher nie, wie das fertige Stück aussehen wird. Wähle stark farbige Seiten und auch Text-Seiten aus. Achte darauf, daß auch ihre Rückseiten einen guten Kontrast bilden. Dann wird dein Webstück von beiden Seiten schön. So wird's gemacht:

Zeichne in eine Textseite mit Farbstift in 1 cm Abstand senkrechte Linien. Rundherum 3 cm Rand lassen (1). An den Linien einschneiden (2). Nun hast du deinen „Webrahmen". Dann 1 cm breite, bunte Streifen zurechtschneiden. Möglichst viele, damit du genügend Auswahl hast. Die bunten Streifen führst du abwechselnd über und unter die Webstreifen hindurch und zwar immer versetzt, damit ein festes Gewebe entsteht. Wenn du einige Reihen gewebt hast, beschneidest du die Überstände auf 1 cm Länge und klebst sie am Rand fest (3). Durch Verzierungen aus Dreiecken, Rhomben oder Streifen wird der fertige Rand noch hübscher und auch stabiler (4). Solche Webbilder kannst du auch als Set benutzen.

1
2
3
3
4

Eine Stadt zum Verlaufen

Aus 6 bis 8 Metern Wellpappe von der Rolle (Baumarkt oder Schreibwarenhandel) ist sie schnell gebaut – die Stadt im Kinderzimmer.

In Wellen ausgerollt bleibt die Pappe ganz von selbst stehen. Am Anfang und Ende der Rolle formst du einen Turm (mit Klebeband innen zusammenfügen). Wenn du willst, machst du ein Dach aus einem eingeschnittenen Kreis (wie bei der Burg auf Seite 16). Mit Wäscheklammern werden die Zeichen für Schule, Bahnhof, Eiscafé, Spielplatz, Theater, Park usw. festgeklemmt.

Lisas Rock ist aus Pappe

Aus ein paar Stücken Wellpappe kannst du allerlei Verkleidungen schneidern. Zu Lisas lustigem Rock (siehe Kasten) sieht der Luftballon-Hut schick aus: Eine Wellpappe-Scheibe von etwa 30 cm Durchmesser bekommt zwei Löcher für ein Bindeband (die Lochstellen mit Klebeband überkleben) (1). Puste ein paar Luftballons auf, verknote sie und ziehe die Knoten durch die Scheibe. Mit Klebeband festkleben.

Oder gefällt dir der Riesenhut besser? (2) Wenn du deinen Kopf hin und her bewegst, kannst du mit den Schellenbändern rhythmische Geräusche erzeugen.

Ein großes Wellpappestück um den Hut legen, zukleben, Schellenbänder ankleben, Kreis auf den Zylinder und am Hut befestigen (3).

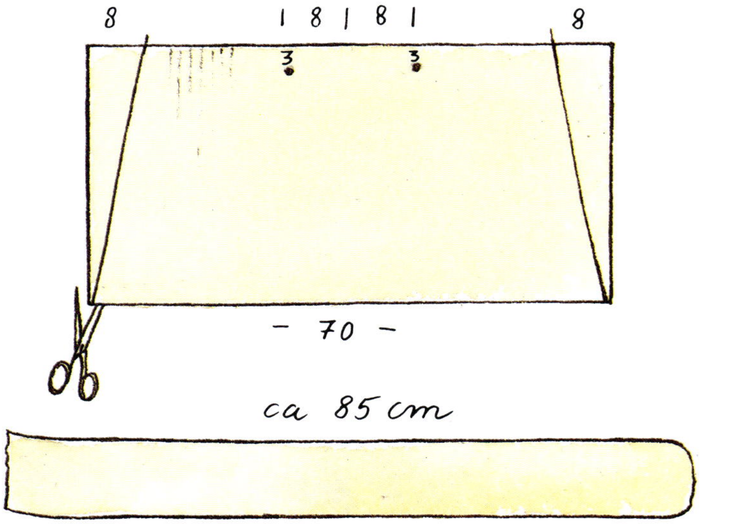

Schnittmuster für Lisas Rockträger

Flügel:
Spitzen mit
Tonpapier
bekleben

Schnittmuster für Flügel

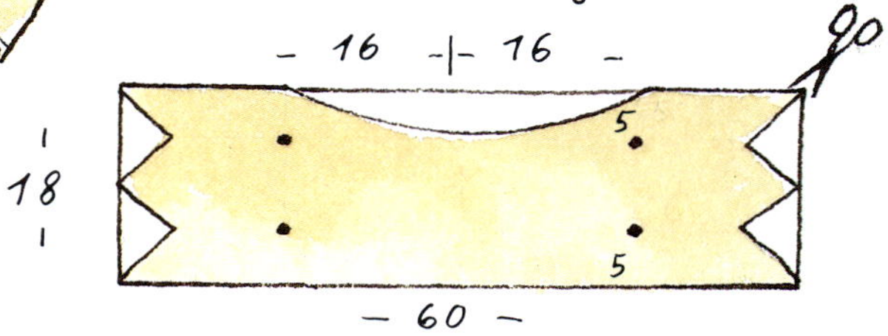

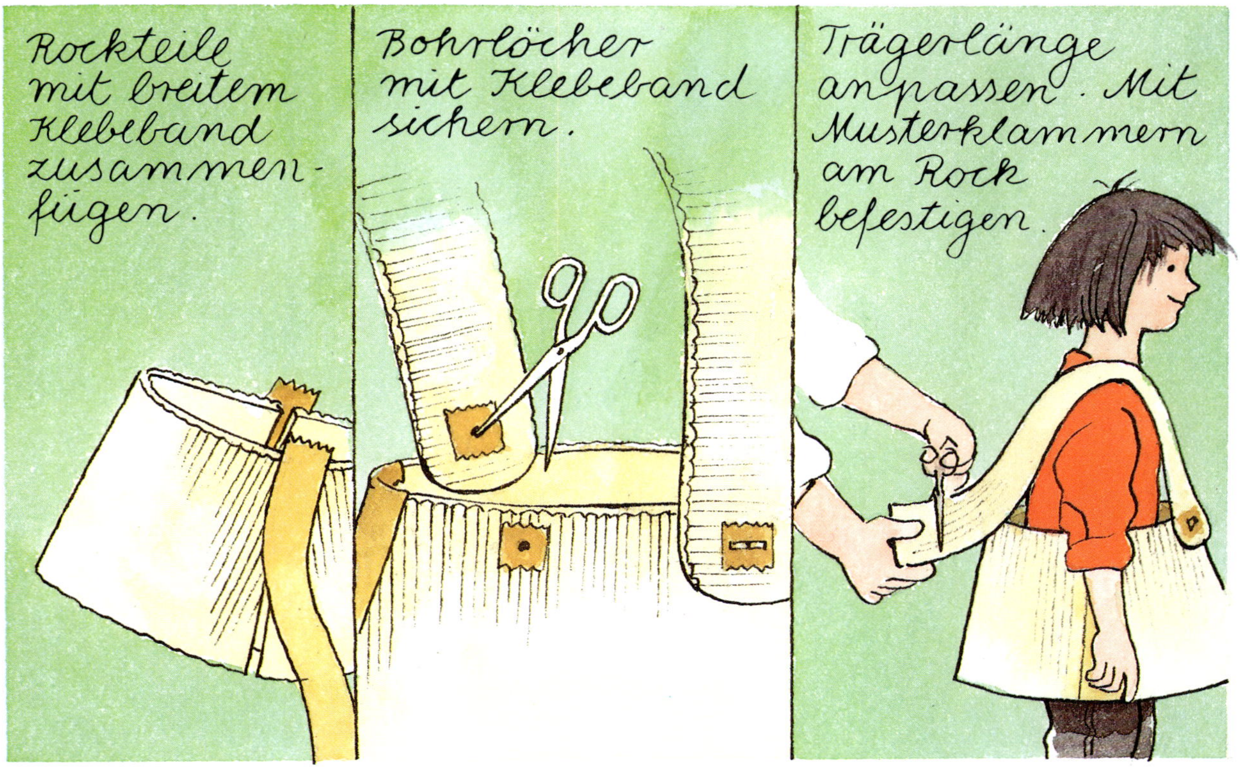

Drehkulisse, bunte Schachteln, Adventstüten

Schneelandschaft und Frühlingswiese, Hexenhaus und Zauberschloß – das alles malst du auf die Rückseite eines Tapetenrestes. 2,50 Meter brauchst du. Außerdem Stöcke oder Rundhölzer von etwa 1 Meter Länge. Das bemalte Stück Tapete klebst du an den Enden um die Hölzer, dann kann die Vorführung im Kasperletheater beginnen.

Schön zum Verschenken (oder Selbstbehalten) sind große und kleine Schachteln, die mit bunten Geschenkpapierresten beklebt werden.

Stelle die Schachtel vor dich auf den Tisch. Beginne an einer Ecke, kleine Papierstücke aufzukleben. Jedes neue Papierstück etwa 3 mm über das vorige kleben. Kanten abschneiden. So tapezierst du die Schachtel Seite für Seite. Im Handumdrehen wird aus einer alten Schachtel ein prächtiger Geschenkkarton.

Je mehr verschiedene Geschenkpapier-Reste du gesammelt hast, desto lustiger sieht dein <u>Tüten-Adventskalender</u> aus.

Die Erwachsenen werden sich darum reißen, die hübschen Tüten mit kleinen Überraschungen zu füllen.

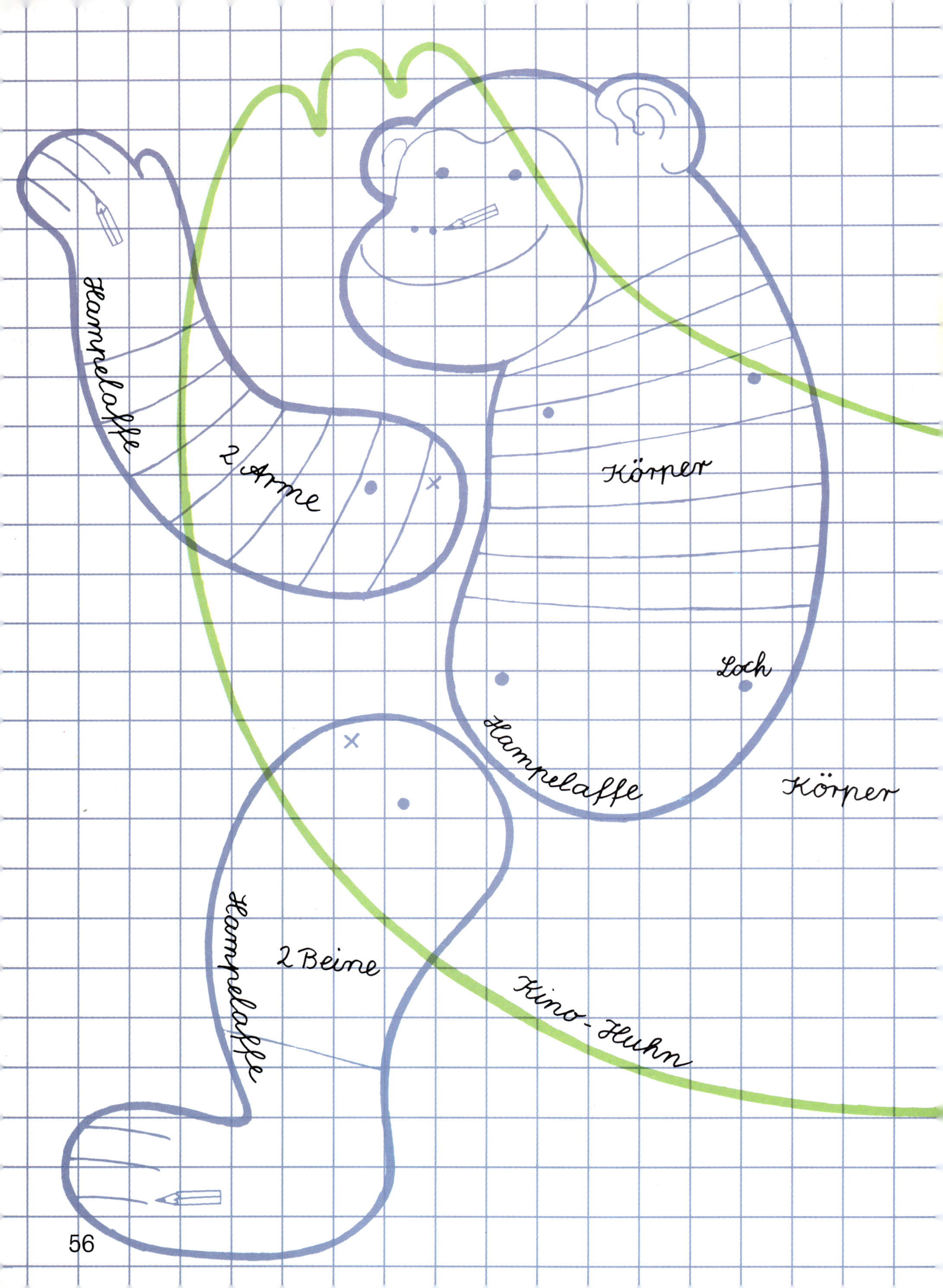
Hampelaffe
2 Arme
Körper
Loch
Hampelaffe
Körper
Hampelaffe
2 Beine
Kino-Huhn

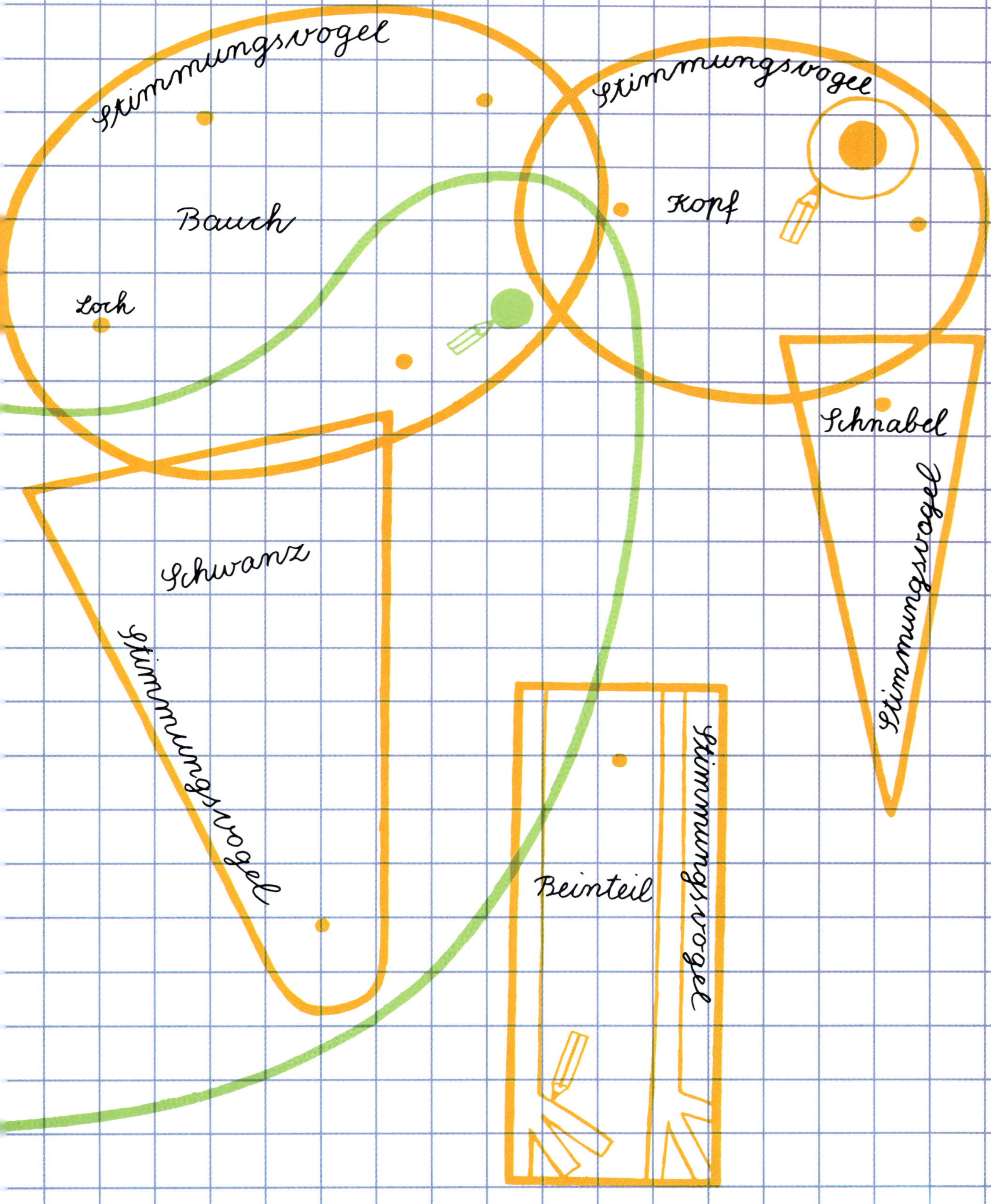
Stimmungsvogel
Stimmungsvogel
Bauch
Kopf
Loch
Schnabel
Stimmungsvogel
Schwanz
Stimmungsvogel
Stimmungsvogel
Beinteil

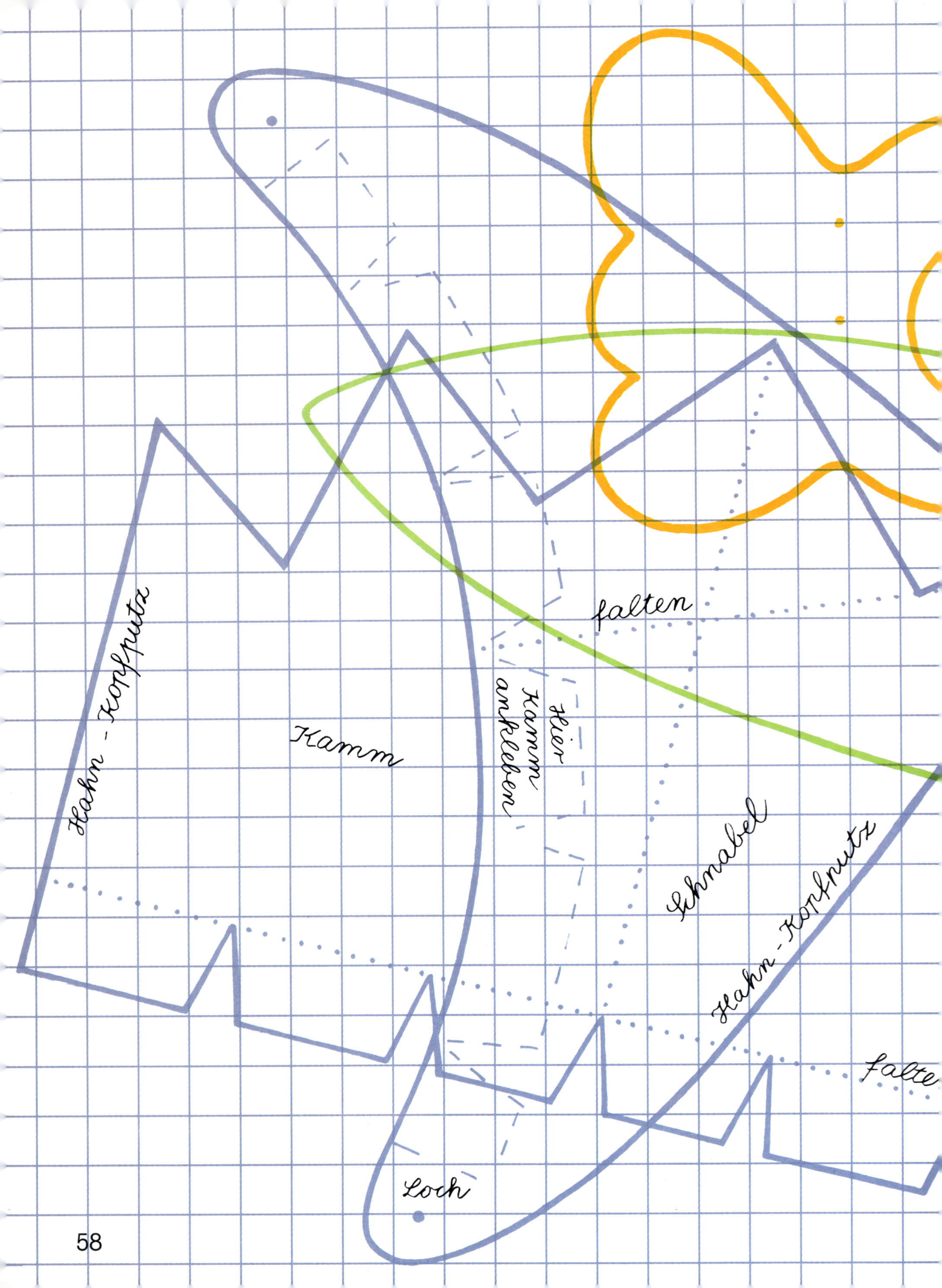
Hahn - Kopfputz
Kamm
Hier Kamm ankleben
falten
Schnabel
Hahn-Kopfputz
falte
Loch

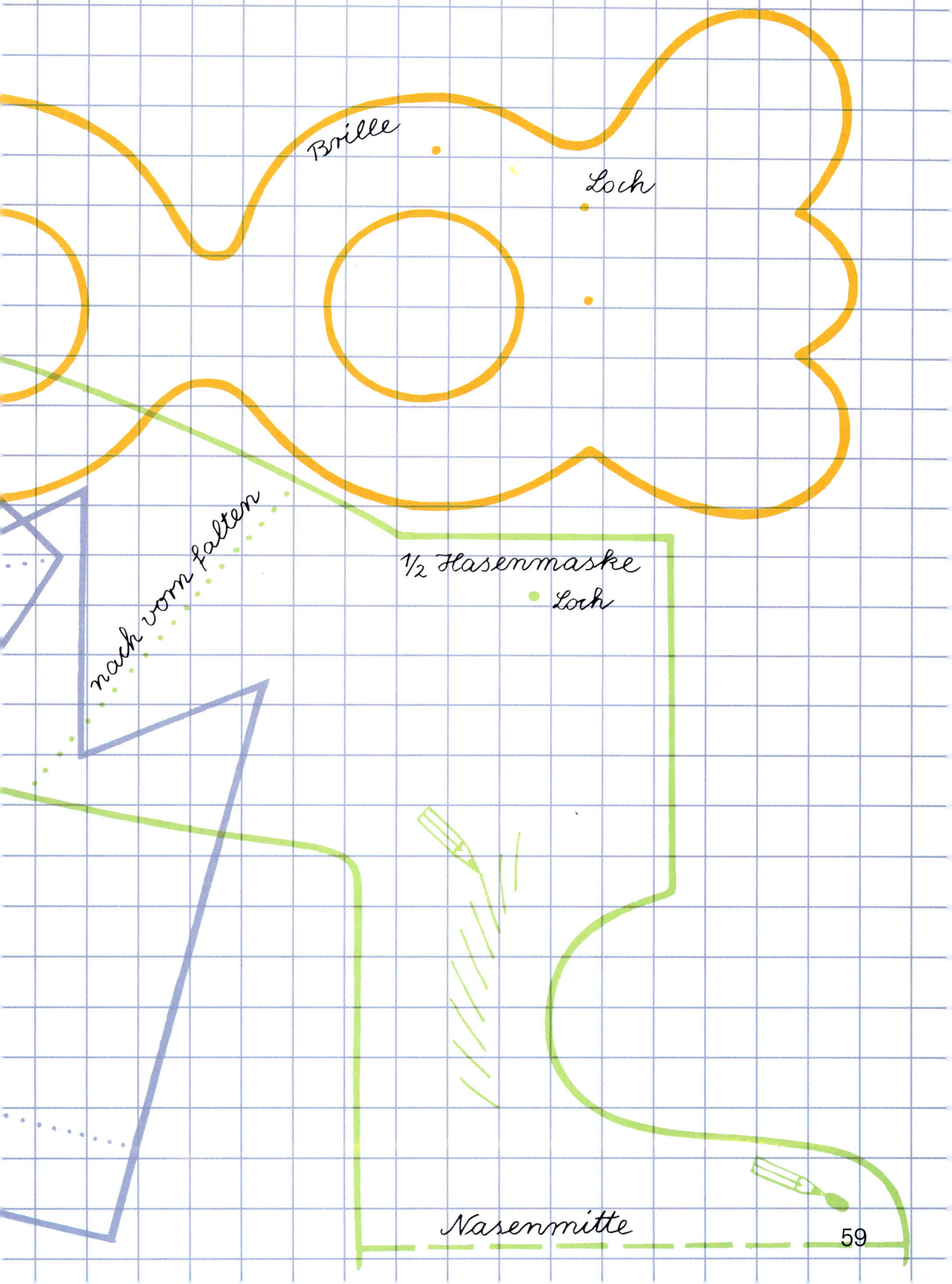
Brille
Loch
nach vorn falten
1/2 Hasenmaske
Loch
Nasenmitte

KÜCHEN-
KRAM

Das kannst du brauchen

Milchtüten
Eierkartons
Keksdosen
Honigeimer
Konservendosen
Kochlöffel
Obstkisten
Korken
Joghurt-, Sahne- und Eisbecher
Pflanztöpfe aus Plastik
Wäscheklammern
Bonbons
Apfelsinennetze
Plastiktüten + Müllsäcke
Luftballons
Kronkorken
Käseschachteln
Holzperlen
Holzspieße, große und kleine
Löffel, Gabel, Reibe
Garnrollen
Gummibänder
Knöpfe

Teddy schläft in der Milchtüte

Wenn du die Milchtüten gleich nach dem Gebrauch heiß auswäschst, kannst du manches daraus machen, zum Beispiel ein Bett für den Teddy. Du brauchst nur noch einen Trinkhalm, ein Stück Stoff und eine kleine Schelle. Für die Grusellaterne malst du eine Milchtüte mit Filzern möglichst dunkel an. Klebe ein paar grellfarbige Zacken aus Papier als Zähne ins gräßliche Maul. Den Laternenbügel biegst du aus Draht, auf den Tütenboden klebst du ein Teelicht.

Grusellaterne

Eierwunder in der Schielschachtel

Gekochte Eier bemalen macht Spaß! Wenn du sie dann noch in eine Schielschachtel steckst, hast du ein tolles Geschenk. Schau dir dafür eine 6er-Eierschachtel einmal genau an. Kannst du das Gesicht schon erkennen? Die Verschlußnippel werden die Augen. Vergrößere die Löcher im Deckel, umrande sie dick mit schwarzem Filzer und mal die Wimpern auf. Die Nase schneidest du aus einem anderen Eierkarton. Rand mit Kleber einstreichen – ankleben.

Die Zunge aus Farbpapier ausschneiden und durch den Schlitz ziehen. Bemale die Schachtel mit Wasserfarben. Ziehe einen Pfeifenreiniger als Griff durch den Kartondeckel.

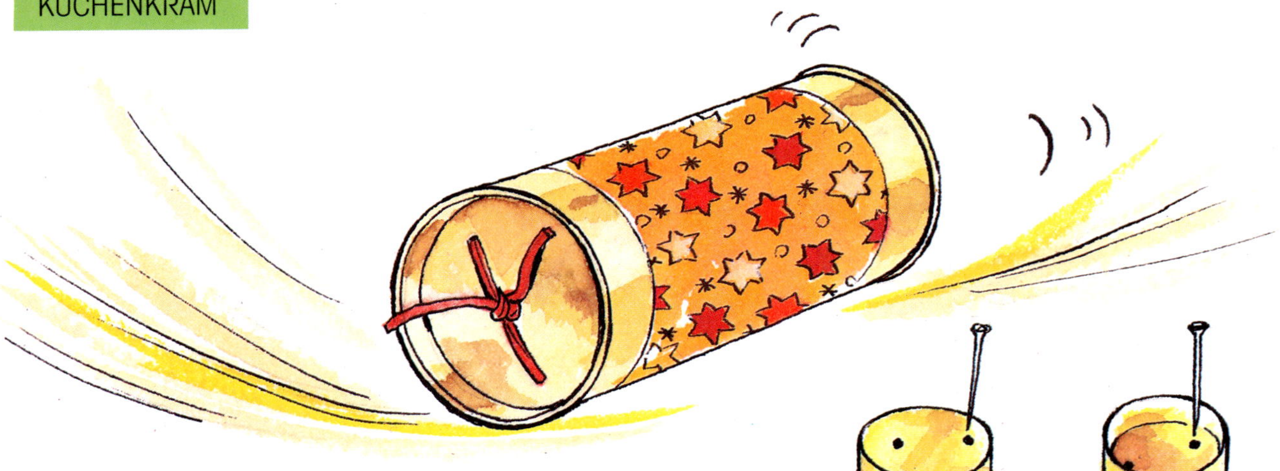

Zauberdose und Unterwasserlupe

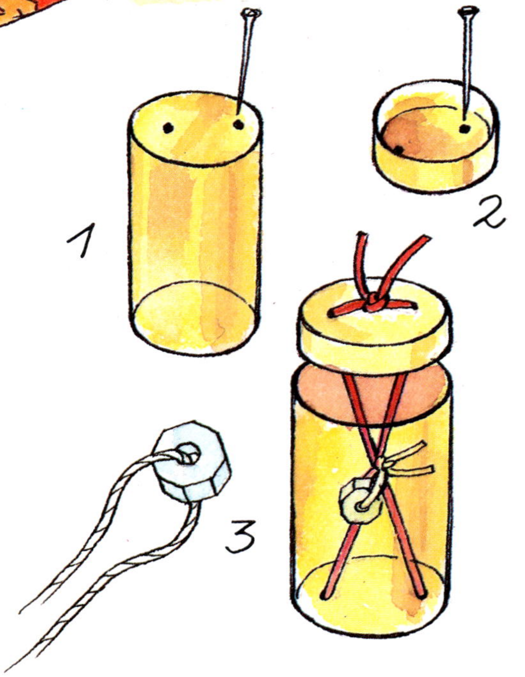

Die Zauberdose kommt ganz von allein zurück, wenn du sie mit Schwung über den Boden rollst. Nimm eine Kaffee- oder Kakaodose. Mit Nagel und Hammer schlägst du in Boden und Deckel je zwei Löcher (1 + 2). Dann führst du ein sehr langes Gummiband (evtl. mehrere zusammenbinden) durch die Löcher. Strammziehen und verknoten. Heb' den Deckel an und dreh' ihn so, daß die Gummibänder sich kreuzen. Dort bindest du eine schwere Schraubenmutter fest (3). Deckel schließen und anschubsen!

Auch eine Unterwasserlupe ist ganz brauchbar. Entferne mit einem Dosenöffner den Boden einer Kaffeedose. Durchsichtige Plastikfolie stramm über die Dose spannen. Mit Gummiband befestigen. Darüber noch Klebeband kleben. Lege die Dose aufs Wasser – du wirst bis auf den Grund sehen können.

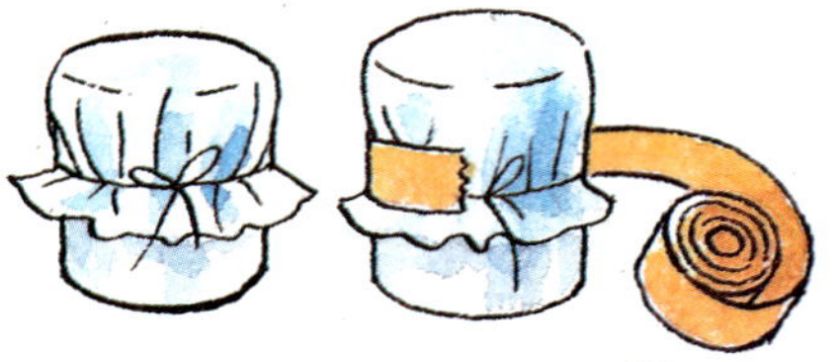

Trommel und Klingelstelzen

Für die Klingelstelzen brauchst du zwei Konservendosen.

Mit Nagel und Hammer schlägst du in jede Seite der Dose ein Loch. Dadurch ziehst du Paketband. Stell' dich auf die Dosen und probiere, welche Schnurlänge für dich angenehm ist. Zieh' über jedes Bandende eine Schelle und mache einen Knoten. Dann gehst du mit Gebimmel den Weg entlang. Verziert mit buntem Klebeband sehen die Stelzen ganz toll aus!

Ein ausgewaschener mittelgroßer Honigeimer ist eine schon fast fertige Trommel. Die bunten Papierbänder zum Verzieren werden einfach unter den Deckel geklemmt. An den Seiten eine lange Schnur durchziehen. Nun kannst du sie umhängen.

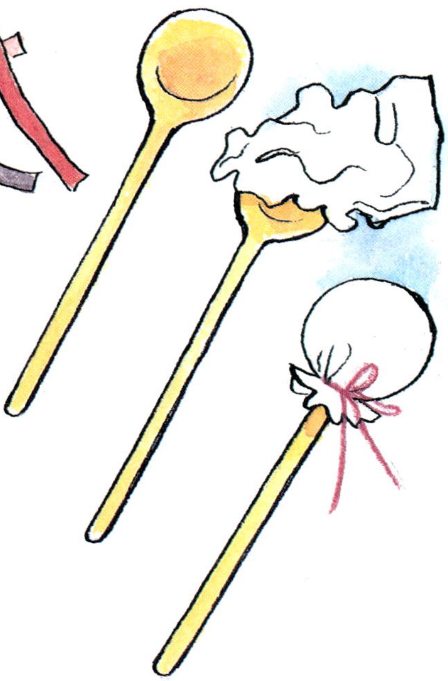

Ideal zum Trommeln sind mit Papiertaschentüchern gepolsterte und umwickelte Kochlöffel.

Zwei Pfund Äpfel und sechs Eier bitte…

Diesen geräumigen Kaufladen kannst du aus Obstkisten bauen. Bitte euren Obst- und Gemüsehändler um Apfel- und Mandarinenkisten. Auch Pflaumen- oder Spargelkörbe kannst du gut gebrauchen.

Stapele sie aufeinander als Regale, Theke, wie du willst . . . Mach dir aus Pappe eine Uhr. Für die Ware besorgst du dir allerlei leere Teebeutel-Schachteln, leere Konservendosen, Sprudel- und Limoflaschen. Die Kasse bastelst du aus einem Schuhkarton und einer leeren Pralinenschachtel. Auch das Geld kannst du selber machen: Lege Briefpapier über ein Geldstück und male mit hellbraunem oder hellgrauem Buntstift darüber. Ausschneiden und mit Pappe verstärken.

Ein Floß für deine Badewanne

Das Floß hat einen Gummimotor, der abgeht wie eine Rakete, wenn er durch Drehen gut angespannt ist. Es entsteht aus 11 Korken, 5 langen Holzspießen, 1 Joghurtbecher, 2 langen Gummibändern, 1 Milchtüte und 1 Plastikschachtel. Du steckst je 5 Korken (vorbohren) auf einen Spieß. Dann verbindest du die beiden Korkenreihen durch die übrigen drei Spieße miteinander. In den elften Korken ein Loch bohren und vier Schlitze schneiden (etwas schwierig, laß dir dabei helfen). Aus dem Joghurtbecher vier Flügel schneiden und so in die Schlitze stecken, daß die Rundungen in eine Richtung zeigen (1). Gummibänder mit einer Drahtschlinge durch das Bohrloch ziehen (2). Um den Korken und durch die Gummibänder einen Draht schlingen (3). Er macht das Aufdrehen des Motors möglich. Nun ziehst du den Gummimotor über die beiden Korkenreihen. Die Plastikschachtel klemmst du zwischen zwei Spießen fest und setzt den Deckaufbau darauf. Der Schwan hat ein Gefieder aus Schaumstoff, für Kopf und Hals kannst du einen Trinkhalm oder einen Pfeifenreiniger nehmen. Damit er beim Schwimmen nicht umkippt, befestigst du einen Draht mit einer Perle um seine Mitte. Die lustigen Korkenfiguren haben Arme und Beine aus Zahnstochern. Mal ihnen lustige Gesichter und mach ihnen Frisuren aus Pfeifenreinigern und Wollfäden.

Jede Menge Handpuppen

Leg' dir eine Bechersammlung an: von Joghurt, Sahne und Eis. Auch kleine Pflanztöpfe sind geeignet. Daraus werden dann Handpuppen. Für jede brauchst du zwei gleich große Becher. Die klebst du Boden an Boden aneinander. Nun hast du schon Kopf und Körper. Mit Hilfe von Filzern, Kreppapier, Wollfäden, Federn, Stoffresten usw. wird daraus ein König oder ein Zauberer, eine Hexe oder ein komischer Vogel mit einem Schopf aus Seidenpapier und einer Feder. Den roten Schnabel kannst du vom Schnittbogen auf Seite 86 abpausen.

Schau dir die Becher genau an, bevor du sie beklebst. Manchmal lassen sich die Schriften und Markenzeichen mitverwenden, indem man sie ausmalt: Aus einem runden Markenzeichen kann ein Mund werden.

Allerhand Leute und Tiere

Was hat die Giraffe mit der Tänzerin und der Drache mit der lustigen Stehparty-Gesellschaft gemeinsam? Sie entstehen alle aus Wäscheklammern. Als Köpfe dienen Korken, Bonbons, Perlen. Oder, noch einfacher, die Klammer selbst bekommt ein Gesicht aufgemalt (Holzklammern lassen sich mit Wasserfarben anmalen, Plastikklammern mit Filzern). Auch die Kleidung kann aufgemalt werden. Aber ein Rock aus Tortenspitze oder Kreppapier ist natürlich besonders hübsch. Die Arme werden einfach ein-

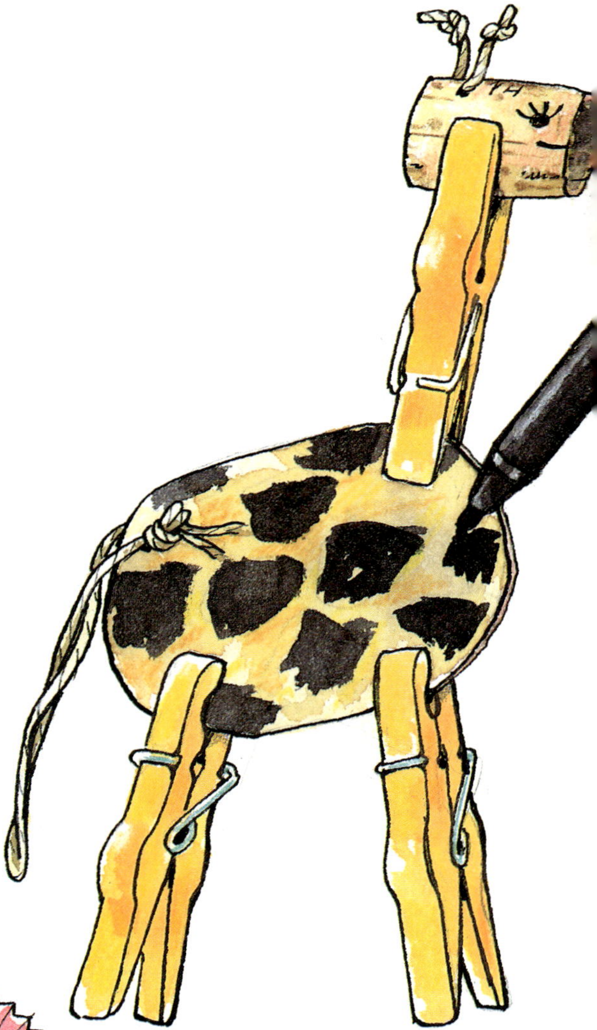

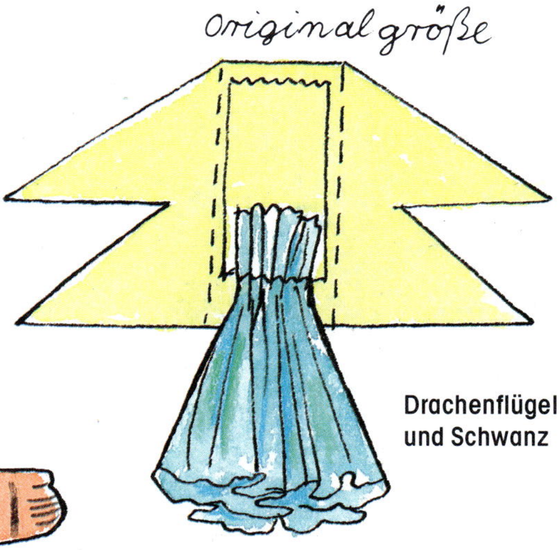

Drachenflügel und Schwanz

geklemmt. Es können Pfeifenreiniger oder Streichhölzer sein oder auch ein Stück bemaltes Papier – wie bei dem Jungen mit dem schikken Streifenpullover.

Damit die Figuren standfest sind, bekommen sie Schuhe aus Modelliermasse. Oder sie werden in einen mit Sand gefüllten Kartondeckel gesteckt.

Pfeifenreiniger und Perle

Süßes zum Spielen und Verschenken

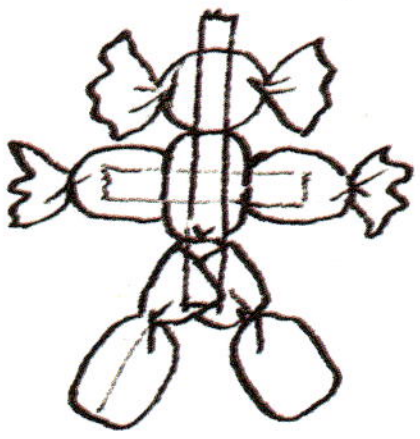

Diese Sachen kannst du für dein nächstes Geburtstagsfest basteln. Die Puppe und die kleine Maus, der Geburtstagsstrauß und die Kette sind süße Gewinne oder Tischkarten. Das Mäuschen hat einen Bonbon-Körper. Schneide das Bonbonpapier ein und biege es nach hinten. Nun hat es Ohren. Das spitze Schnäuzchen schneidest du aus Briefpapier. Den (Wollfaden-) Schwanz mit Klebeband befestigen.

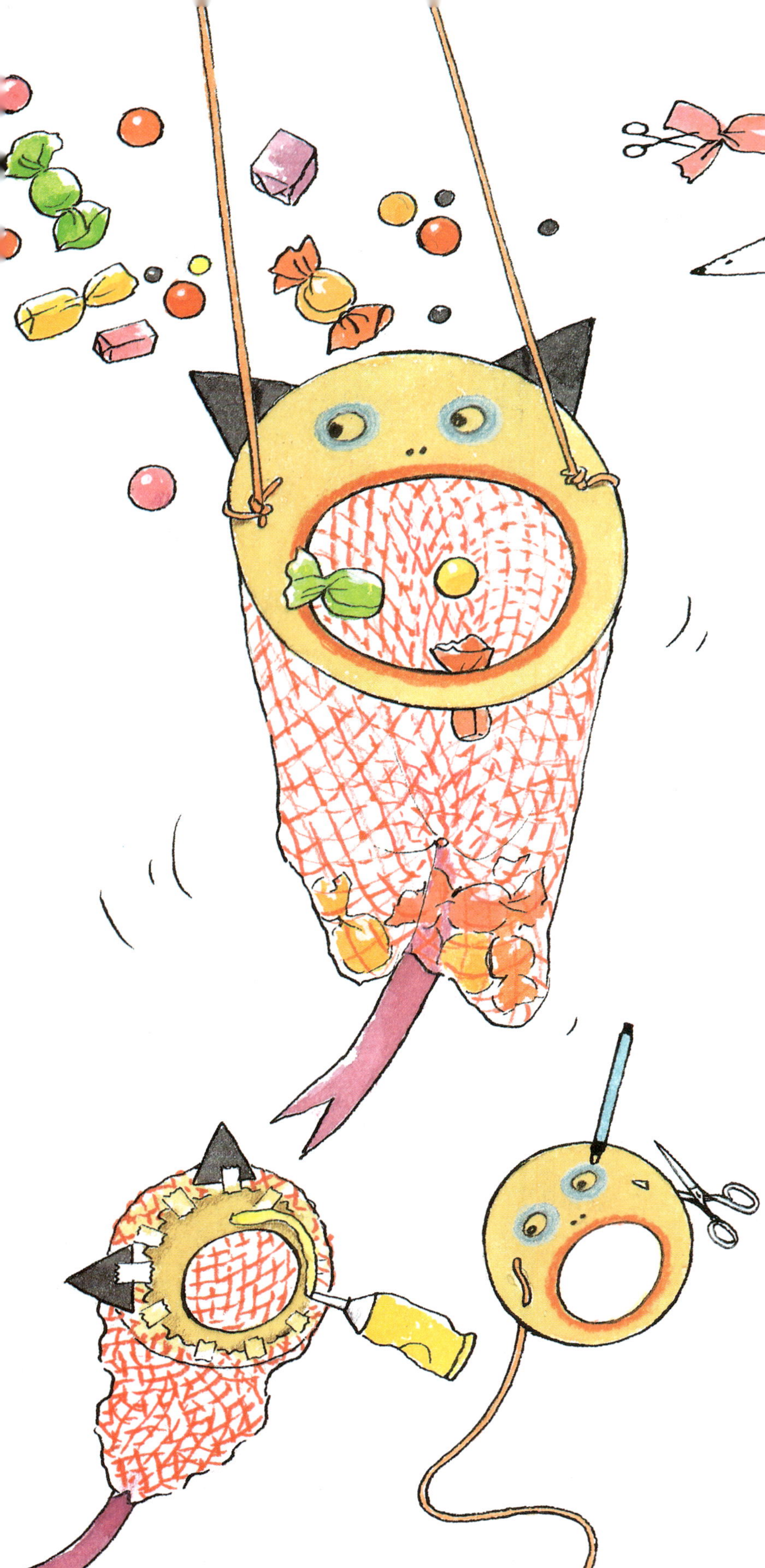

Die gefräßige Katze ist ein prima Wurfspiel. Um es zu basteln, brauchst du zwei Pappen, 1 Zwiebel- oder Orangennetz, Klebestreifen, Stifte zum Bemalen. Zuerst zeichnest du den Katzenkopf mit Maul zweimal auf Pappe (Schnittbogen auf Seite 86). Ausschneiden. Befestige das Netz mit Klebeband an einer der Pappen. Ebenso die Ohren. Die zweite Pappe mit Katzenaugen und -nase bemalen und gegenkleben. Seitlich zwei Löcher einpieken, ein Band durchziehen und den Kopf aufhängen.
Jeder von euch bekommt nun sechs eingewickelte Bonbons. Alle versuchen der Reihe nach, ihre Bonbons ins Maul der Katze zu werfen. Wer gewinnt, darf den Inhalt verteilen.

Kreppapierzipfel ankleben.

Ein Seehafen auf dem Balkon

Mit Lastwagen, Kran und ein paar Schiffen beförderst du Waren von Hamburg nach Rotterdam. Die Hafenbecken sind zwei flache Obstkisten. Die legst du zuerst dick mit Zeitungen aus, dann mit einer aufgeschnittenen Mülltüte. Die Ränder über den Rand der Kiste schlagen und mit Klebeband befestigen. Nun kannst du sie mit Wasser füllen.

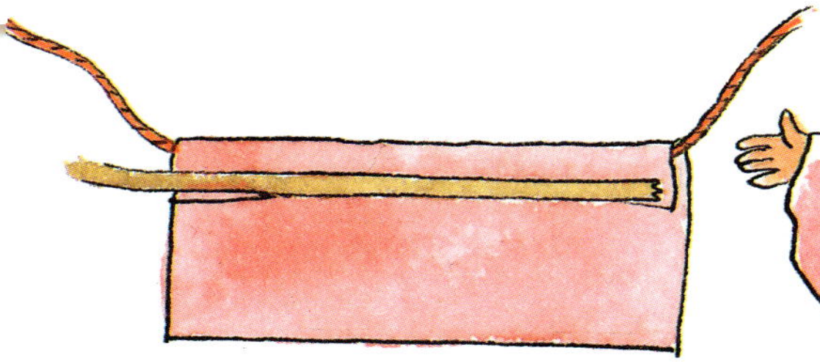

Mülltüten eignen sich auch prima zum Verkleiden. Sogar eine Spitzenhose kannst du daraus machen (siehe Kasten). Für den Umhang schneidest du eine Tüte an beiden Längsseiten auf. An einer Seite umlegen, mit Klebestreifen befestigen, Kordel durchziehen. Noch einfacher ist der Rock zu machen: Müllsack aufschneiden, um die Taille legen und ein Band umbinden. Für die Mütze suchst du dir zwei schöne, bunte Plastiktüten aus. Ohren ankleben, Tüte umkrempeln, Umschlag festkleben – fertig!

Fliegende Fische

Du brauchst für einen Flatterfisch: eine schön gemusterte Plastiktüte, Draht, Band, Kreppapier. Die Tüte oben und unten abschneiden. Dann hast du einen glatten Schlauch. Augen und Fischschuppen aufmalen. Aus Draht biegst du einen Ring, der genau um die Tüte paßt. Drahtenden miteinander verwickeln. Tütenrand um den Drahtring nach außen umschlagen und mit Klebestreifen festkleben. Als Schwanz lange, bunte Kreppapierstreifen ankleben. Drei Schnüre à 25 cm zuschneiden. An drei Punkten durch die Tüte ziehen, zusammenknoten und an einem langen Stock befestigen. Jetzt kannst du loslaufen und den Fisch durch die Luft fliegen lassen.

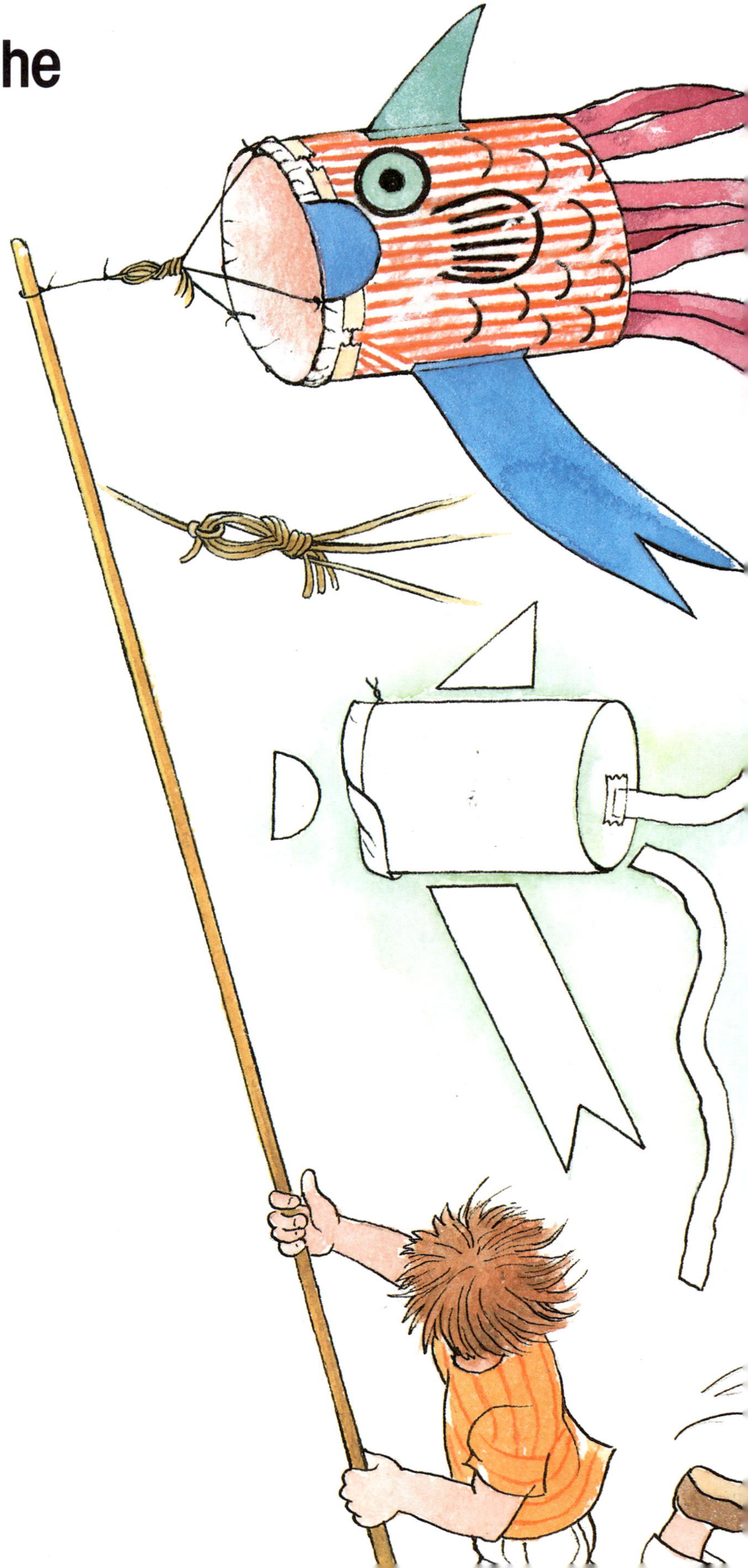

Tütenpuppe

Die Frau entsteht aus 2 Luftballons, 1 Plastiktüte und 1 Tortendeckchen. Für den roten Hut brauchst du noch eine kleine Plastiktüte. Die krempelst du einfach um und setzt sie auf den Luftballon-Kopf. Darunter schauen Haare aus Wollfäden hervor, die du mit Klebestreifen angeklebt hast.

Ein Delphin in der Badewanne

Blas dir dafür einen länglichen Luftballon auf. Male ihm Augen auf und ein großes, lachendes Maul. Dann schneidest du noch ein paar Dreiecke aus einer Plastiktüte aus und befestigst sie mit Klebestreifen. Für den Brustschwimmer werden zwei kleine, längliche Luftballons (Arme) an einen großen, runden gebunden. Gesicht aufmalen, aus einer Plastiktüte zwei Ohren schneiden und festkleben.

Brustschwimmer

Abheben kannst du mit dem bunten Flug-Gürtel zwar nicht, aber du fühlst dich bestimmt damit, als könntest du fliegen. Besonders, wenn du dir auch noch zwei Ballons um die Arme bindest.

Für Nelli, die Ballonente, zwei Ballons zusammenbinden. Beine und Schnabel sind aus einer Plastiktüte (Schnittbogen S. 86). Mit Klebestreifen ankleben.

Für Nessi 8 grüne Ballons zusammenbinden, Gesicht aufmalen, grüne Plastikschnipsel ankleben (wie beim Delphin).

Nelli

Nessi

Das große Tam-Tam mit Löffel, Reibe und Käseschachtel

Für das Schaumlöffel-Glockenspiel (1) bindest du einfach Messer, Gabel, Löffel, Nußknacker usw. an einen Schaumlöffel. Interessante Geräusche kannst du auch mit einem Fingerhut auf einer Reibe erzeugen (2), oder indem du ein Erdbeer-Körbchen aus Plastik zusammendrückst (3). Die Käseschachtel mit Perlen macht rhythmisch „Klack, Klack", wenn du den Stab zwischen den Handflächen drehst (4).

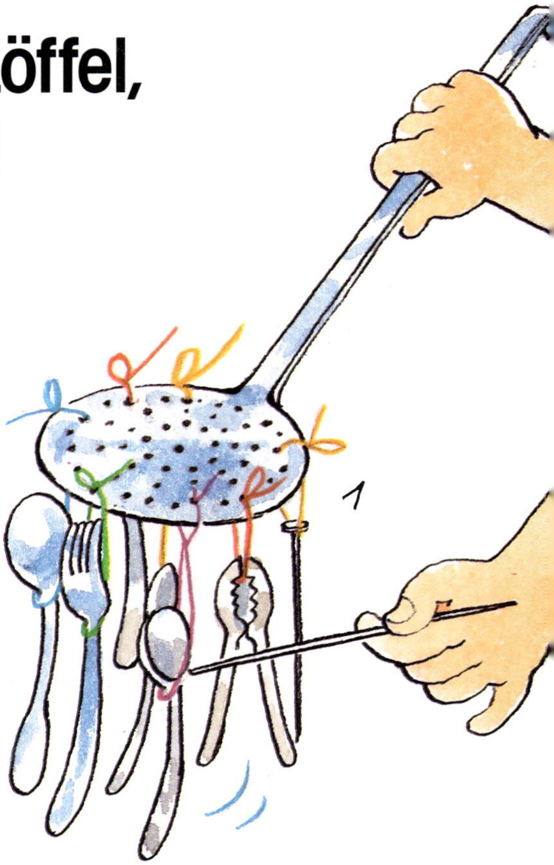

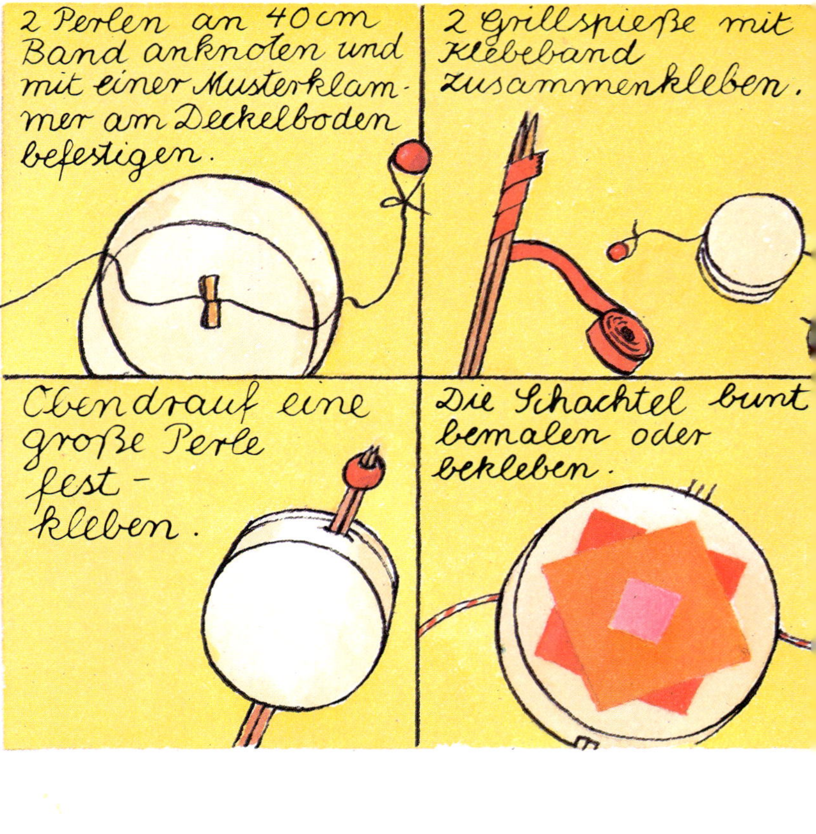

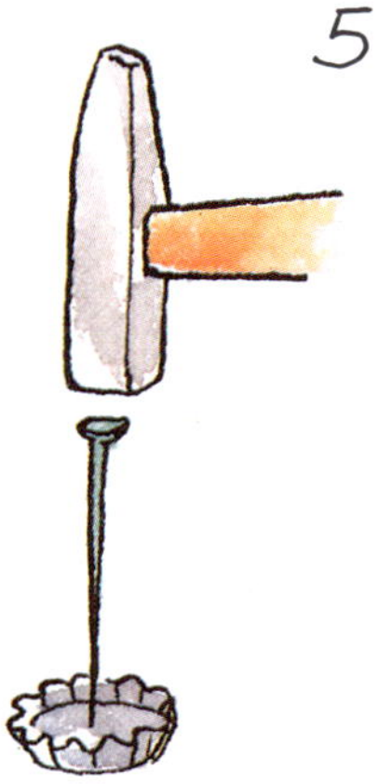

5

Aus Kronkorken lassen sich schöne Rasseln machen (5). Du legst die Kronkorken auf ein Holzbrett und schlägst mit einem dicken Nagel ein Loch hinein. Dann ziehst du sie auf eine Schnur (nach jeweils zwei Korken einen Knoten machen) und befestigst sie an einem Paketgriff (oder dickem Bleistift). Schön klingt es auch, wenn du so eine Korkenschnur durch den Boden einer Blechdose ziehst (6): In den Blechdosen-Boden in einer Linie vier Löcher bohren. Die Kronkorken auf die Schnur ziehen, jeweils nach zwei Korken einen Knoten machen. Dann die Schnur von innen durch eines der beiden mittleren Löcher ziehen und durch das andere wieder zurück. Die anderen Kronkorken aufziehen, den letzten festknoten. Durch die äußeren Löcher ziehst du eine Schnur zum Anfassen.

6

4

Kleine Wunder

Kennst du singende Knöpfe und rasende Garnrollen? Die Garnrolle hat einen Gummimotor und überwindet sogar kleine Hindernisse. Du brauchst: 1 große Garnrolle, 2 Schaschlikspieße, stabile Pappe, 1 Gummiband, 1 Holzperle. Schneide aus der Pappe 2 Kreise mit 1 cm mehr Durchmesser als die Kreise der Garnrolle (1). Zacken hineinzeichnen und ausschneiden (2). Die „Sterne" an die Rolle kleben, mit der Schere ein Loch hineinbohren. Dann das Gummiband mit Hilfe einer Drahtschlaufe durchziehen (siehe Zeichnung auf Seite 69). Perle und Holzspieße befestigen (3). Der lange Spieß dient zum Aufziehen des Gummimotors (4). Auf den Boden setzen – schon läuft das Ding los.

Für den singenden Knopf brauchst du einen Knopf mit zwei Löchern und 1,60 m Zwirn. Den Faden durch die Löcher ziehen und zuknoten. Jetzt über

Den Kopf kannst du vom Schnittbogen auf Seite 86 abpausen.

5

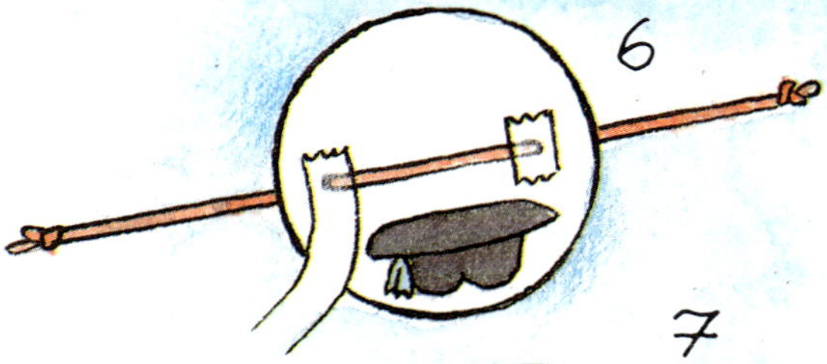

6

7

3

beide Zeigefinger ziehen. Stramm aufnudeln, nach außen ziehen, locker lassen (währenddessen dreht sich der Faden wieder neu auf) und wieder nach außen ziehen. Dabei „singt" der Knopf. Für die runden Zauberbilder brauchst du ein durchgeschnittenes Gummiband und einen Pappkreis von ca. 10 cm Durchmesser. Auf die eine Seite der Pappe malst du ein Gesicht (5), dazu auf die andere einen Hut (oder: Blume und Zaun; Papagei und Käfig; Ente und Wasser). Hut (oder Zaun, Käfig, Wasser) muß „auf dem Kopf" stehen (6). Du bohrst mit der Schere zwei Löcher in die Pappe und ziehst das Gummiband durch. Hinten festkleben. Die Scheibe aufdrehen, indem du das Gummiband zwischen Daumen und Zeigefinger drehst (oder zwirbelst). Dann ablaufen lassen. Durch eine optische Täuschung hat das Kind den Hut auf dem Kopf (7), die Blume wächst hinterm Zaun, der Papagei ist im Käfig, die Ente im Wasser.

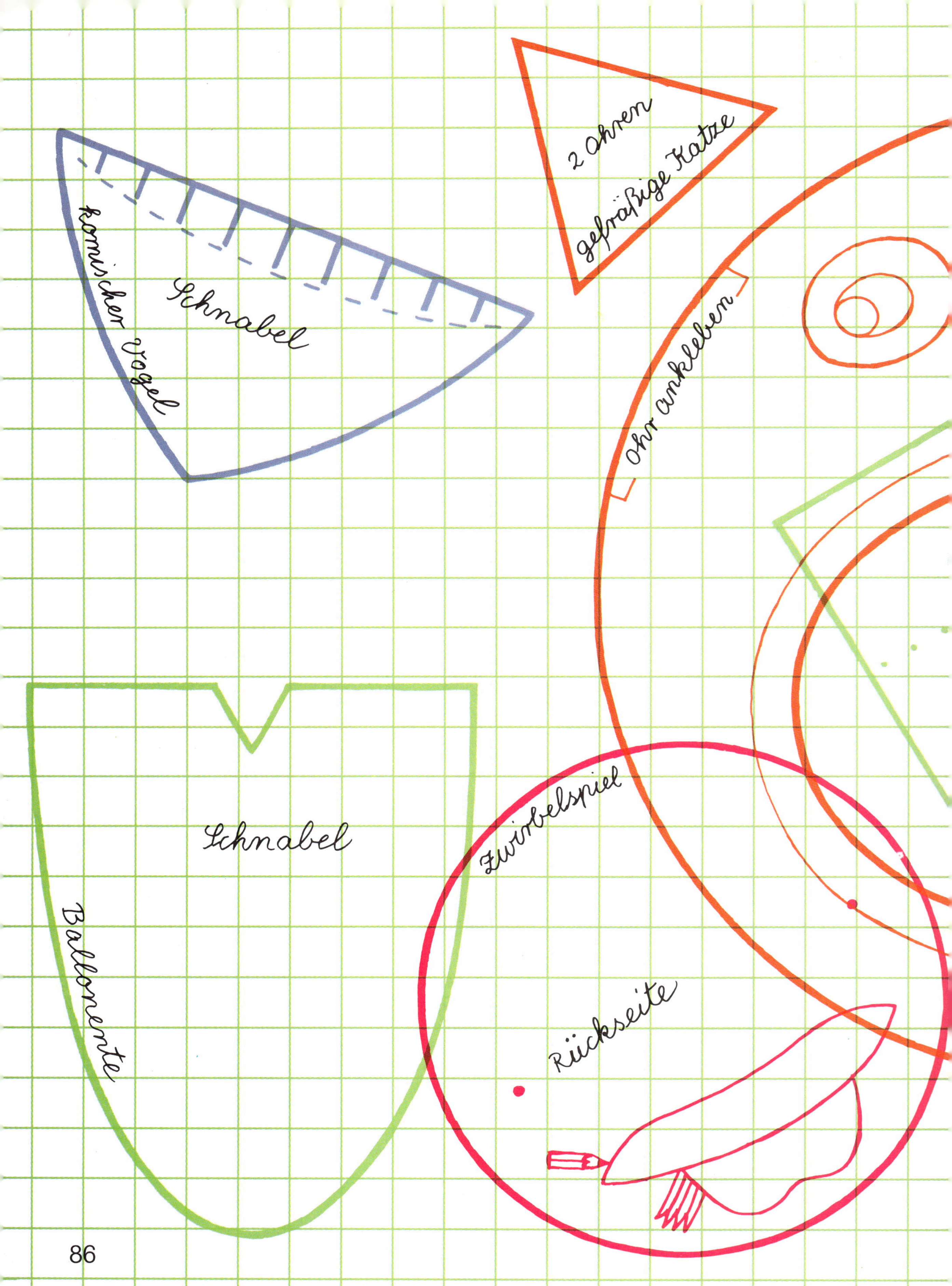
2 Ohren
gefräßige Katze
komischer Vogel
Schnabel
Ohr ankleben
Schnabel
Ballonente
Zwirbelspiel
Rückseite

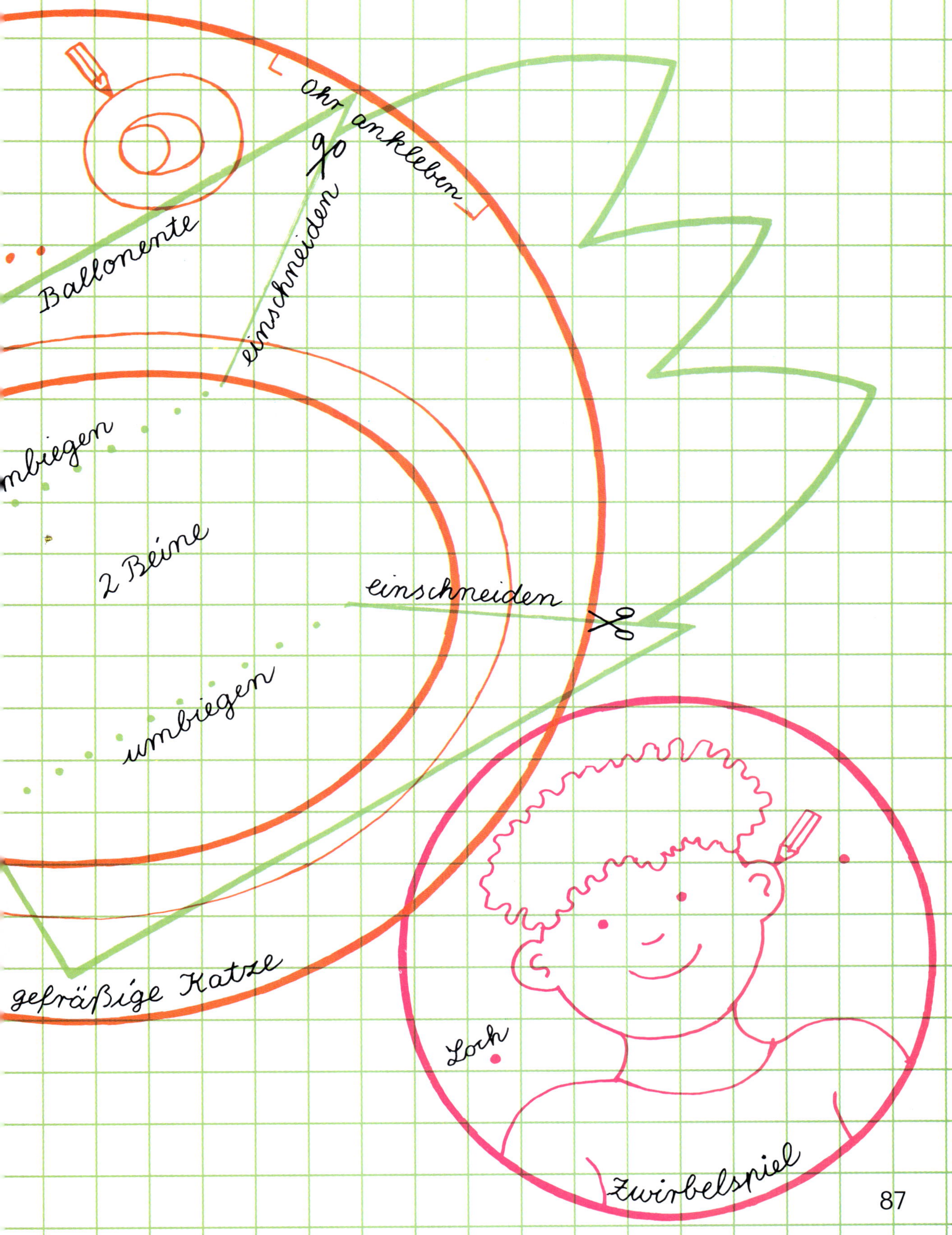
Ohr ankleben
einschneiden
Ballonente
mbiegen
2 Beine
einschneiden
umbiegen
gefräßige Katze
Loch
Zwirbelspiel

DRAUSSEN GEFUNDEN

Das kannst du brauchen

Grashalme
Trockenes Gras
Blüten
Blätter
Stengel
Äste
Obst
Gemüse
Hagebutten
Eicheln
Kastanien
Tannenzapfen
Bucheckernschalen
Trockenfrüchte
Nüsse
Federn
Strandgut (Muscheln, Seetang, Seil, Bretter, Kisten)

Graspuppe und Strohbengel

Wenn du im Sommer durch hohes Gras gehst, pflück' dir ein Bündel. Daraus kannst du eine schöne Puppe binden. Nimm soviel Gras in die Hand, wie du fassen kannst und biege das Bündel um (1 + 2). Ein kleines Büschel für die Arme quer legen. Kreuzweise mit langen Halmen umwickeln (3) und so mit dem Körper verbinden. Arme an den Enden umschlagen und umwickeln. Jetzt einen breiten „Gürtel" um die Mitte wickeln (4). Nach jedem Wickeln die Grashalme gut ver-

Blütenorakel: Wann wird die Sonne scheinen?

knoten, damit sie sich nicht lösen. Nun verzierst du deine Puppe: Zwei kurze Stöckchen steckst du als Augen ins Gras. Aus Blüten sind Mund, Rock und Kopfschmuck.

Der Strohbengel entsteht aus trockenem Gras oder Stroh. Ein Bündel oben umschlagen und umwickeln. Beine abteilen, zurückbiegen, umwickeln. „Kopf" und „Taille" stramm mit Paketband abbinden. Blätter als Arme und als Pumphose anstecken. Für die Haare ein Bündel quer mit Band am Kopf befestigen. Du kannst dem Bengel dann die Haare schneiden und Federn und schöne Blätter anstecken. Mund und Augen sind aus Blüten.

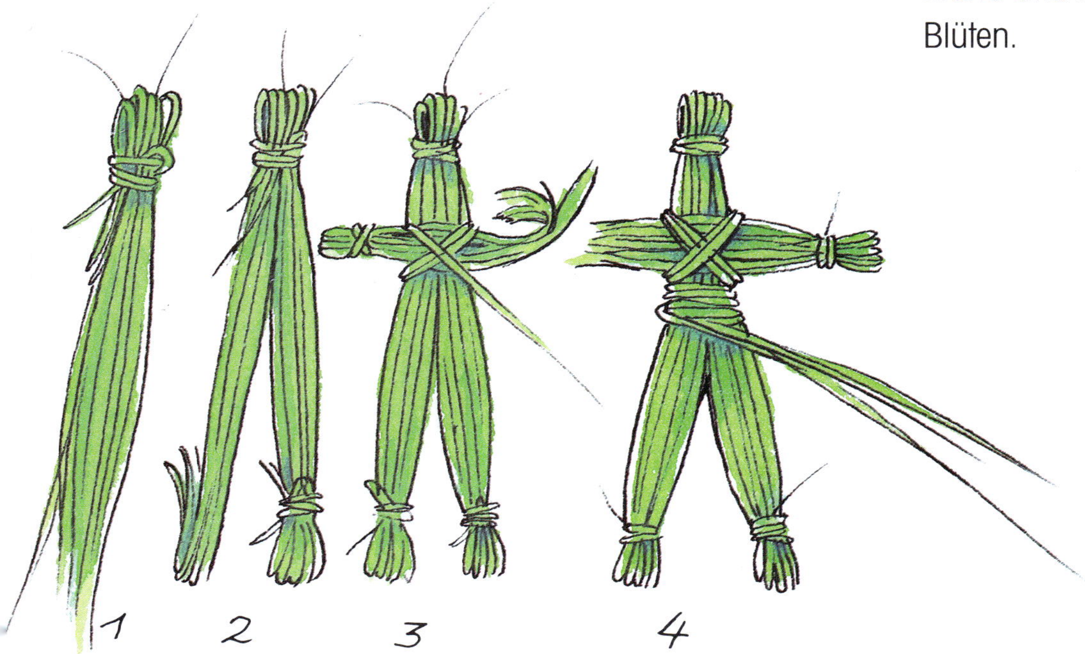

Gelbe, rote, grüne, braune Blätter – die schönsten suchst du dir aus

Willst du mit Kastanienblättern Theater spielen? Das geht so: Biege das untere Blatt eines Kastanienblattes nach oben und befestige es mit einer Kiefernnadel am Stengel. Kleine Blüten, Stengel oder Blätter als Augen, Mund und Beine

Aus einem Ahornblatt wird eine Tüte.

einstecken. Jede Figur kann anders aussehen. Mit Blättern lassen sich auch Bilder kleben. Farn-, Ahorn- und Buchenblätter sehen aus wie richtige Bäume. Aus Blättern entstehen eine Pumphose, ein Tierkörper, ein Hut usw. Mit Filzern ergänzt du die „Collage" (das kommt von „kleben") zu einem Bild.

Für den herbstbunten Blätterpullover brauchst du Blätter mit langen Stielen. Sie werden durch den Pullover gesteckt oder mit Sicherheitsnadeln befestigt. Ein paar Tage bleibt der Pullover frisch, dann vertrocknen die Blätter. Die Blattkrone wird mit Kiefernnadeln zusammengesteckt.

Waldgeist und Holundergaul

Wenn du im Wald spazieren gehst, findest du überall Bastelmaterial: Blätter, Borke, Zweige, dicke und dünne Äste. Und auf den Lichtungen wächst hohes, trockenes Gras. Gras und ebenmäßige Zweige sind das Baumaterial für die kleinen Pfahlbauten. Wenn das Gerüst fertig ist, kannst du noch Wände aus Moos oder Blättern einziehen.

Für den Waldgeist suchst du dir einen dicken Ast. Du umwickelst die Mitte des Astes mehrmals mit Band. Daran lassen sich Blätter und Zweige gut befestigen, auch ein Rock oder Kragen aus trockenem Gras. Hat dein Ast keine Astlöcher, die wie Augen und Mund aussehen, klebst du mit viel Spucke Blätter an. Blütendolden oder Riesenblätter sind ein schöner Kopfschmuck. Haare aus trockenem Gras (vielleicht sogar ein Zopf), stehen deinem Waldgeist bestimmt auch sehr gut.

Aus einem schönen Stamm zum Draufsitzen wird der Holundergaul. Als Schweif steckst du einen buschigen Holunderzweig in die Erde (Kopf und Mähne siehe Bildkasten).

Einen Stock durch ein Stück Borke bohren. Damit er fest sitzt, das Bohrloch mit Moos ausstopfen.
Lange Grashalme als Mähne anknoten.
Aus Blättern werden Ohren, aus einem Grasbüschel der Haarschopf.

Flöten und pfeifen

Für eine Kerbelflöte muß der Stengel noch saftig sein.

Kannst du auf einem Grashalm pfeifen? Den Grashalm zwischen beide Daumen legen, Daumen an die Lippen führen und pusten (1 + 2). Oder auf einem Buchenblatt blasen? Das Buchenblatt mit beiden Händen vor die Lippen pressen, dann stark dagegenblasen.

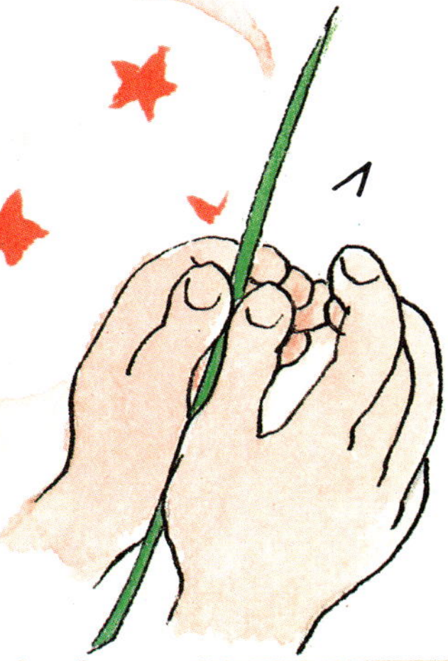

Ein langes breites Gras (Quecke) brauchst du für das Grasschiffchen (3). Den Halm schlitzen und die Spitze durchstecken. Vorsichtig aufs Wasser setzen: bei Wind oder Strömung fährt er gleich los. Aus vier Spitzwegerichhalmen wird eine schöne Kette (4). Biege einen Halm zu einem Kreis und befestige ihn. Den nächsten Halm durch den Ring ziehen, zum Kreis formen, befestigen, den dritten Halm ebenfalls. Die braunen Blüten hängen nach unten. Einen langen Halm (ohne Blüte) durch die äußeren Kreise führen, zurückbiegen und durch Umwinden befestigen. Jetzt kannst du noch Vogelbeeren mit abzweigenden Stengeln einhängen.

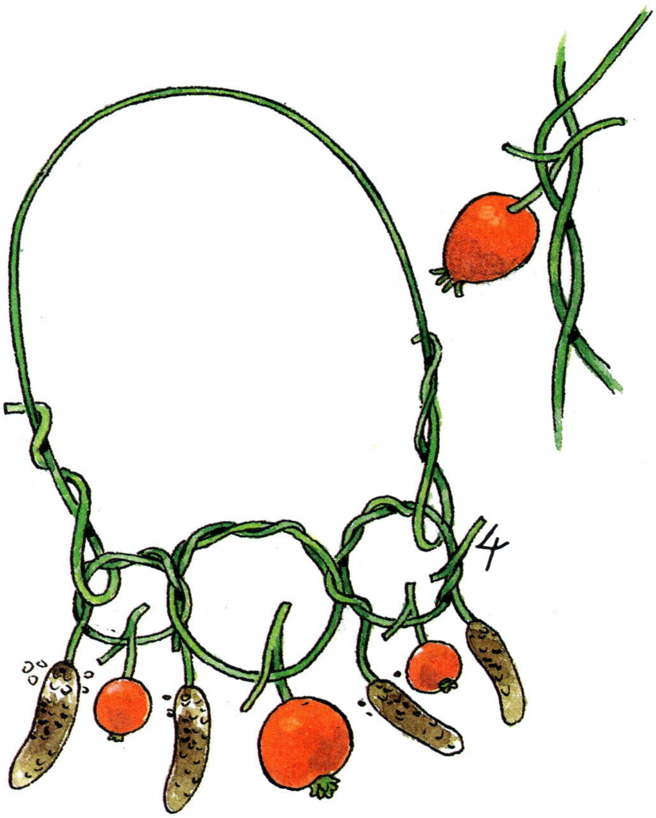

Kartoffelmaus trifft Apfelklaus

Möhre, Wegerichblüten,
4 Zahnstocherstücke

Kartoffel, Möhrenrest,
Pfefferkörner, Wegerichblüten
und -Blatt

Aus Obst und Gemüse werden allerlei witzige Gesellen. Zum Schmücken nimmst du Blätter, Federn, Blüten, Eicheln, Pfefferkörner oder kurze Stöckchen. Stell den Apfel, die Birne oder die Kartoffel vor dich auf den Tisch, wenn du sie verzierst. Erstens siehst du dann, wo du die Augen anbringen mußt. Und: wenn du die Frucht in der Hand hältst beim Verzieren, kann es sein, daß sie nach hinten oder nach vorn kippt, sobald sie auf den Tisch gestellt wird.

Kürbislaterne:
Deckel abschneiden, aushöhlen, Augen und Mundloch ausschneiden, Teelicht hineinstellen, Deckel aufsetzen.

Eichelmann im Kastanienwagen

Wie gefällt dir der Eichelmann im Kastanienwagen (1) mit den Möhrenrädern? Von einer Kastanie den Deckel abschneiden, aushöhlen, Räder mit Zahnstochern befestigen. Für diese und andere Winzlinge verwendest du Eicheln, Kastanien, Kiefernzapfen, Hagebutten, Federn und Bucheckerschalen.

3

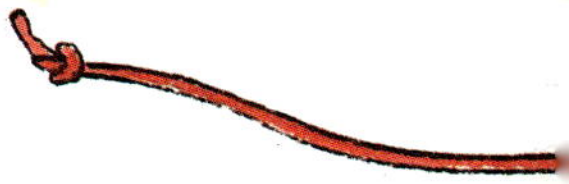

2

4

6

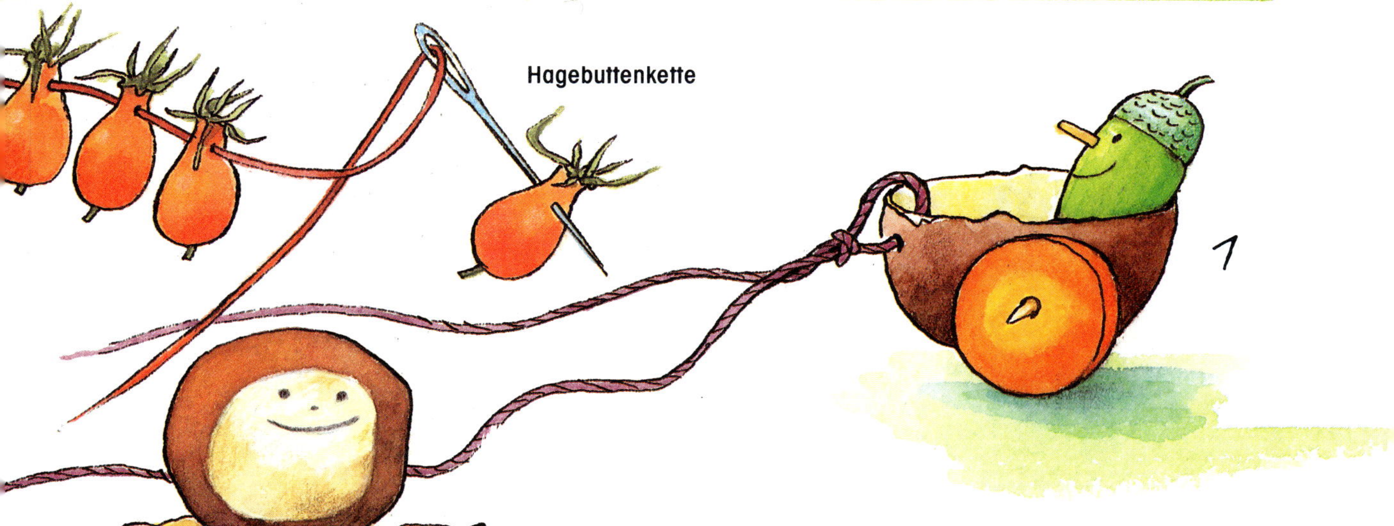

Das Wildschwein (2) entsteht aus einem Kiefernzapfen. Es kriegt große Ohren aus Bucheckernschalen und Augen aus kleinen Stöckchen. Für die Beine mußt du aus einem zweiten Kiefernzapfen vier Stücke herausbrechen und ankleben. Wie die Kastanien-Ente (3), der Hagebuttenvogel (4), das Mädchen im Blätterkleid (5) und Zopfspangen (6) gemacht werden, kannst du aus den Zeichnungen ablesen.

Zwetschenfrau und ihre Freunde

Mit Zahnstochern lassen sich aus Trockenfrüchten tolle Figuren zusammenstecken – als Zierde für den Kaffeetisch. Laß' dir Rosinen, Feigen, getrocknete Aprikosen, Pflaumen, Birnen oder Äpfel geben. Wenn du nicht zu viel futterst beim Basteln, kannst du aus einem Beutel Trockenobst viele Figuren machen. Fange immer mit den Beinen an. Dann merkst du, ob die Kerle stehen können. Zur Not gibst du ihnen drei Beine!

Allerlei Engel

Für den weißen Engel (1) durchbohrst du zwei Eicheln, ziehst mit einer Stopfnadel einen Faden hindurch und verknotest ihn. Das ist der Aufhänger. Als Rock klebst du ein Stück Tortenspitze an, als Flügel und Kopfschmuck Federn.

Der Engel mit dem wallenden Rock (2) wird genauso gemacht. Seine Arme sind aus Streichhölzern (vorbohren), Rock und Haare aus krauser Wolle oder aus Geschenkband.

Der dickköpfige Engel (3) hat einen Walnußkopf. Darauf malst du ein Gesicht und klebst Haare und Aufhänger aus Mohairfäden an. Wenn du willst, auch noch eine Krone.

Das Kleid ist aus Kreppapier: Einkrausen und am Kopf festkleben. Die Flügel aus Papier werden seitlich daraufgeklebt.

Lichternuß

Nußwiege für ein „Perlenbaby"

Eine Strandreise nach Amerika

Was du findest, kannst du brauchen, wenn du mit deinen Freunden bei stürmischer See nach Amerika fahren willst. Das große Schiff wird aus Strandgut und Badesachen gebaut. Zuerst baut ihr eine Strandburg, die wie ein Boot aussieht. Innen und außen festklopfen. Nun könnt ihr Kisten, Knüppel, Taue und, und, und ... gebrauchen.
Mit dem Besenrest am Mast sieht's schon ein bißchen nach einem Piratenschiff aus! Die größte Kiste ist die Kombüse. Da bewahrt ihr die Vorräte auf.

Deckaufbau fürs Borkenschiff: Safttüte, Strohhalm und eine schöne Feder.

1

Wie echte Schifferknoten gemacht werden, seht ihr auf Seite 120. Wenn der Wind weht, flattern Hemd und Hose am Mast!

Der kleine Schleppzug mit drei oder mehr Flößen (1) schwimmt wirklich. Du baust ihn dir aus Stöcken, die du mit Band aneinanderbindest. Das erste Floß bekommt ein Segel aus Papier.

Borken- und Bretterschiffe (2) schwimmen auch gut. Damit sie bei bewegter See nicht untergehen, beschwerst du sie mit einem Stein am Band, der genau in der Mitte angebracht wird.

Strandwächter

Du hast zwei Möglichkeiten: Entweder du verkleidest dich selbst als Strandwächter, oder du baust dir einen aus zwei Brettern. Manchmal findest du Bretter, die haben zwei Löcher, genau da, wo dein Strandwächter Augen haben soll. Schmücke ihn mit Federn, Tau, Badehose, Pulli, Wasserball und allem, was du so findest.

Möchtest du eine Sonnenuhr haben (1)? Dann stecke einfach einen Stock in den Sand und male einen Kreis darum. Markiere zu jeder vollen Stunde die Stelle, auf die der Stock seinen Schatten wirft und schreibe die Uhrzeit dazu. Am nächsten Tag kannst du sie dann ablesen.

2

Knöpfe annähen ist ein Spiel mit Muscheln (2). Male eine große Figur in den Sand. In die Mitte kommt ein langer Strich: die Knopfleiste. Jeder Mitspieler bekommt sechs Muscheln und versucht, damit die Linie zu treffen. Für jeden „angenähten Knopf" gibt es einen Punkt.

Erinnerungskasten (3): Wenn du die schönsten Fundstücke vom Strand in eine flache Schachtel klebst, kannst du sie jahrelang aufbewahren.

3

WOLLE + STOFF

Das kannst du brauchen

Alte Schuhe

Lederreste

Taschentücher

Abgelegte Pullis, Strümpfe, Hose, Mütze, Handschuhe

Bastelfilz

Wollreste

Bänder

Stoffreste

Die Stiefellok schnauft durchs Zimmer

Ein kleiner Teddy kann bequem darin Lokführer sein. Außer einem alten Stiefel brauchst du: 3 Trinkhalme, 4 Holzspieße, 9 Holzperlen, 1 Klingel, 1 Stück Papprolle etwas Watte und Klebestreifen.

Als Schornstein die Papprolle mit Watte in den Stiefel stecken. Vorne ein Holz mit zwei Perlen als Lampen ankleben. An einem Trinkhalm die Klingel und eine Perle befestigen, in den Stiefel stecken und daran festkleben. Nun kriegt die Lok noch Räder (siehe Kasten). Die Fahrt kann beginnen!

Aus Gummistiefeln werden <u>Blumentöpfe</u>: Stiefel mit Filzern bemalen und ein Loch in die Sohle stechen. Darin gedeiht deine Grünlilie prächtig.

Wenn ganz alte Schuhe vorne offen sind, sieht das aus wie ein offenes Maul. Man kann auch etwas mit der Schere nachhelfen. (Bitte vorsichtshalber einen Erwachsenen darum.) Dann stopfst du den Schuh mit Seidenpapier aus und klebst Zunge und Pappzähne in das Maul. 2 Holzperlen (Augen) und ausgestopfte Ohren kannst du mit Pfeifenreinigern leicht befestigen (1). Einen Schwanz aus Band oder Stoff ankleben.

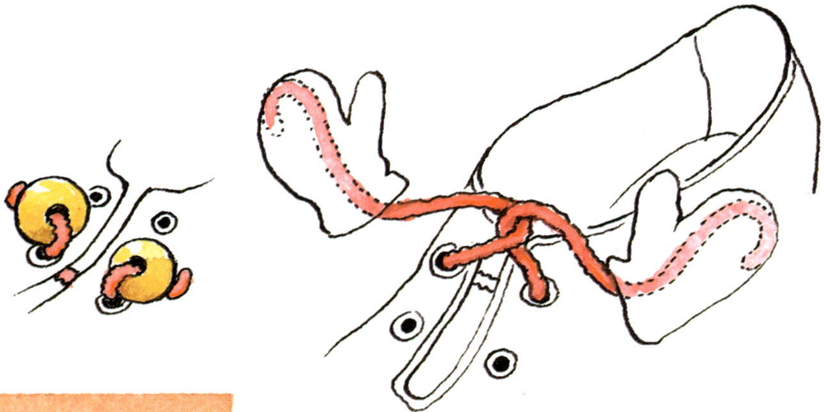

1

Teddy kommt in die Schule

Wenn Schulanfänger ausstaffiert werden müssen, macht das immer etwas Arbeit. Dafür hält Teddys Ranzen aber auch seine ganze Schulzeit lang. Du brauchst dafür Lederreste oder Jeansstoff, 1 Ledernadel und Zwirn oder 1 Stopfnadel und Wolle, 1 Messingring. Zuerst mußt du den Schnitt vom Schnittmuster auf Seite 124 abpausen. Dann zeichnest du ihn auf die Rückseite von Leder oder Jeansstoff auf. Im Kasten steht, wie es jetzt weitergeht. Ins fertige Ränzel kommen kleine selbstgemachte Hefte, Buntstiftstummel usw.

Für Teddys neue Hose kannst du ein paar alte Kniestrümpfe nehmen. Die Füße werden abgeschnitten (1), die Strümpfe eingeschnitten (2) und zusammengenäht (3). Die Hose muß nicht umgenäht werden, umkrempeln genügt.

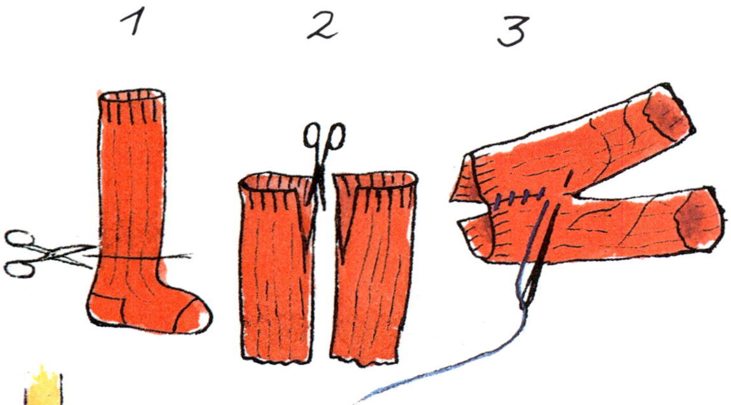

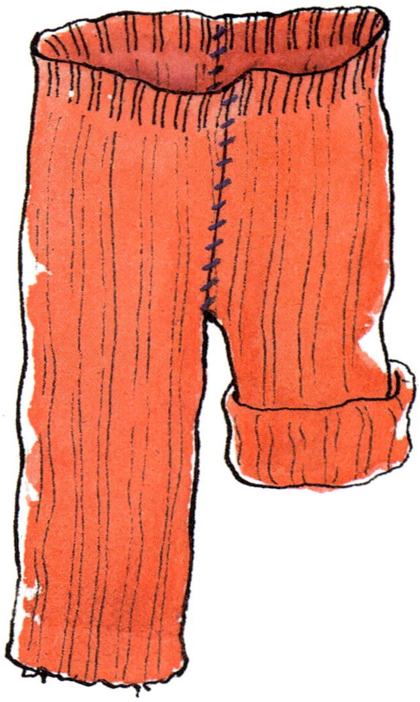

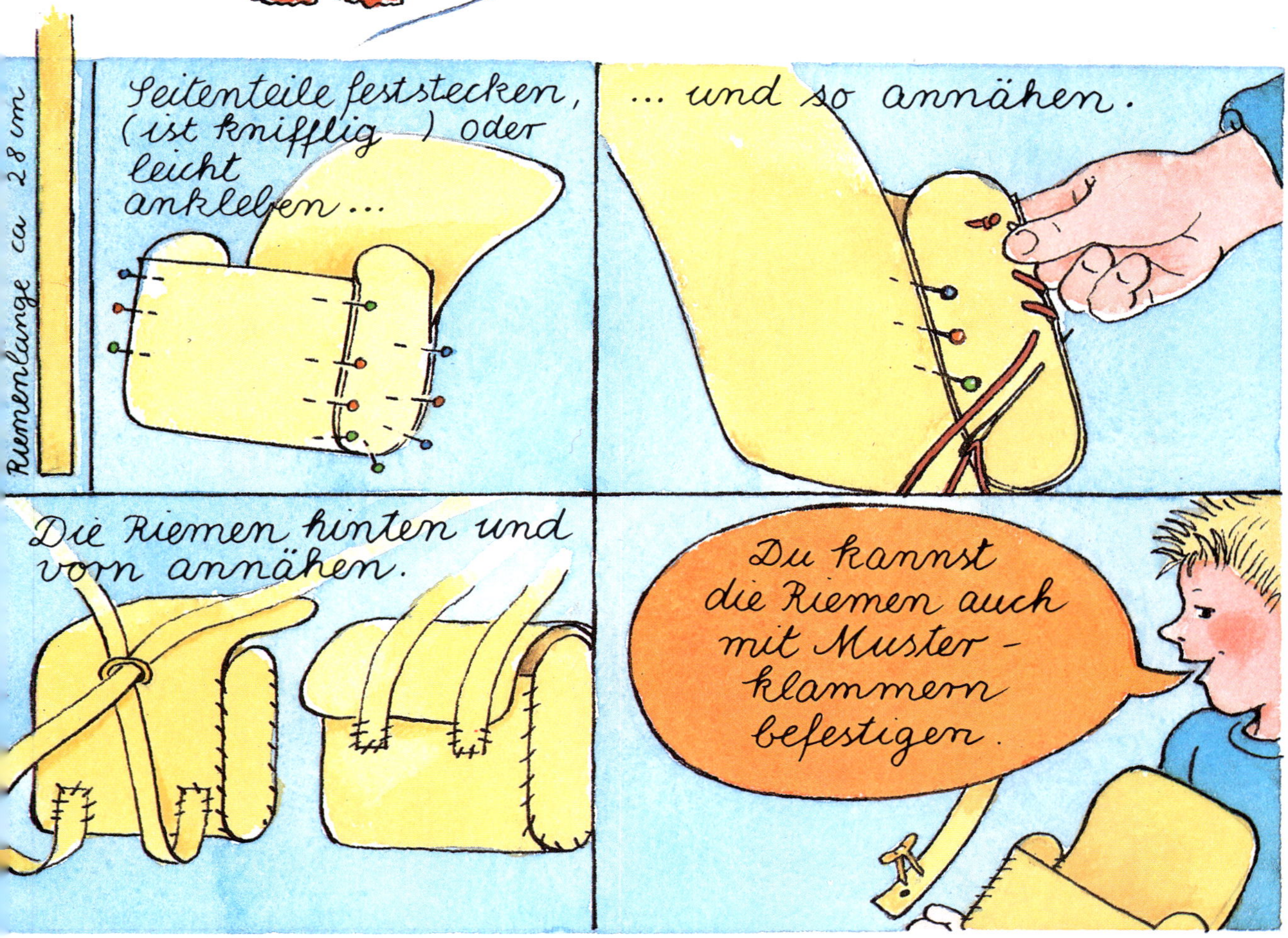

Drei Taschentücher für ein Kleid

Gibt's bei euch noch Stofftaschentücher? Für das Puppenkleid brauchst du ein kleines weißes Taschentuch, möglichst mit Spitzenkanten, und zwei große karierte Herrentaschentücher. Die beiden großen nähst du seitlich zusammen (1). Dann ziehst du einen Faden durch (2), probierst den Rock bei deiner Puppe an und verknotest die Fäden. Der Rock darf nicht zu eng sein. Jetzt schneidest du in das kleine weiße Taschentuch genau in der Mitte ein flaches Oval (3). Es muß über den Puppenkopf passen, aber schneide es

nicht zu groß aus! Mit Stecknadeln den Kragen an den Rock stecken und festnähen (4 + 5). Den Halsausschnitt umnähen (s. Kasten).

Hübsch zu dem Taschentuchhemd ist der Rock aus einem Pulloverärmel. Schneide vom Ärmel die Manschette ab (1). (Daraus kann Teddys Mütze werden.) Das weite Ende mit Wolle umsticken (2), das enge umschlagen und festnähen (3). Etwa 1 cm offen lassen, damit du Nähgummi in Bauchweite (+ 6 cm zum Verknoten) durch den Rock ziehen kannst (4).

Kissenfreunde aus deinen alten Lieblingssachen

Deine bequeme Trainingshose, dein kuscheliger Pulli, die weiche Mütze – eines Tages passen sie dir nicht mehr. Doch du kannst sie noch brauchen! Mit einem Packen Zeitungen, Wolle, Stopfnadel und etwas buntem Bastelfilz werden gemütliche „Kissenfreunde" daraus: Du stopfst die Sachen mit geknülltem Zeitungspapier aus. Erst mit großen Stichen zunähen, dann aneinandernähen. Den Fischschwanz und die Füße kannst du vom Schnittbogen auf Seite 124 abpausen.

Durch ausgestopfte Socken, Handschuhe oder „Flossen" aus Filz ergänzen. Nun kannst du dich auf deinen Kissenfreund legen. Für das Fischkissen brauchst du nur eine Jogginghose auszustopfen.

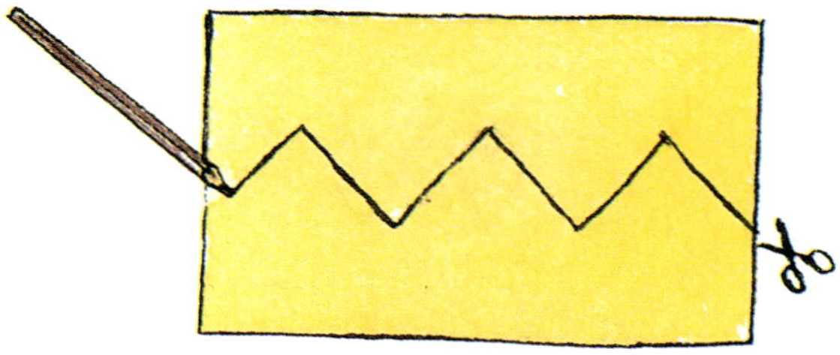

Zwei Fischflossen aus Bastelfilz zuschneiden

Ein Webrahmen aus Pappe

Damit kannst du eine Hängematte für deine Puppe weben: Nimm ein großes Stück (DIN-A-4) feste Pappe, ziehe oben und unten 3 cm vom Rand je eine Linie. Markiere in 1 cm Abstand 17 Punkte (1) und durchbohre sie (2). Durch die Löcher ziehst du längs dünnes Paketband oder Zwirn (3). Jetzt brauchst du Wollreste zum Weben: Du führst einen langen Faden mit einer großen Stopfnadel durch die Längsfäden, immer auf und ab. In jeder Reihe wechselst du (4). Einen neuen Faden knotest du einfach an. So kannst du auch die Farben wechseln. Die Knoten werden später an die Unterseite gedrückt. Ist die Pappe vollgewebt, zerreißt du den Webrahmen. Durch die Schlaufen steckst du je einen Grillspieß, und auf jedes Spießende klebst du eine Perle. Band anbinden. Wo soll die Hängematte hängen?

3

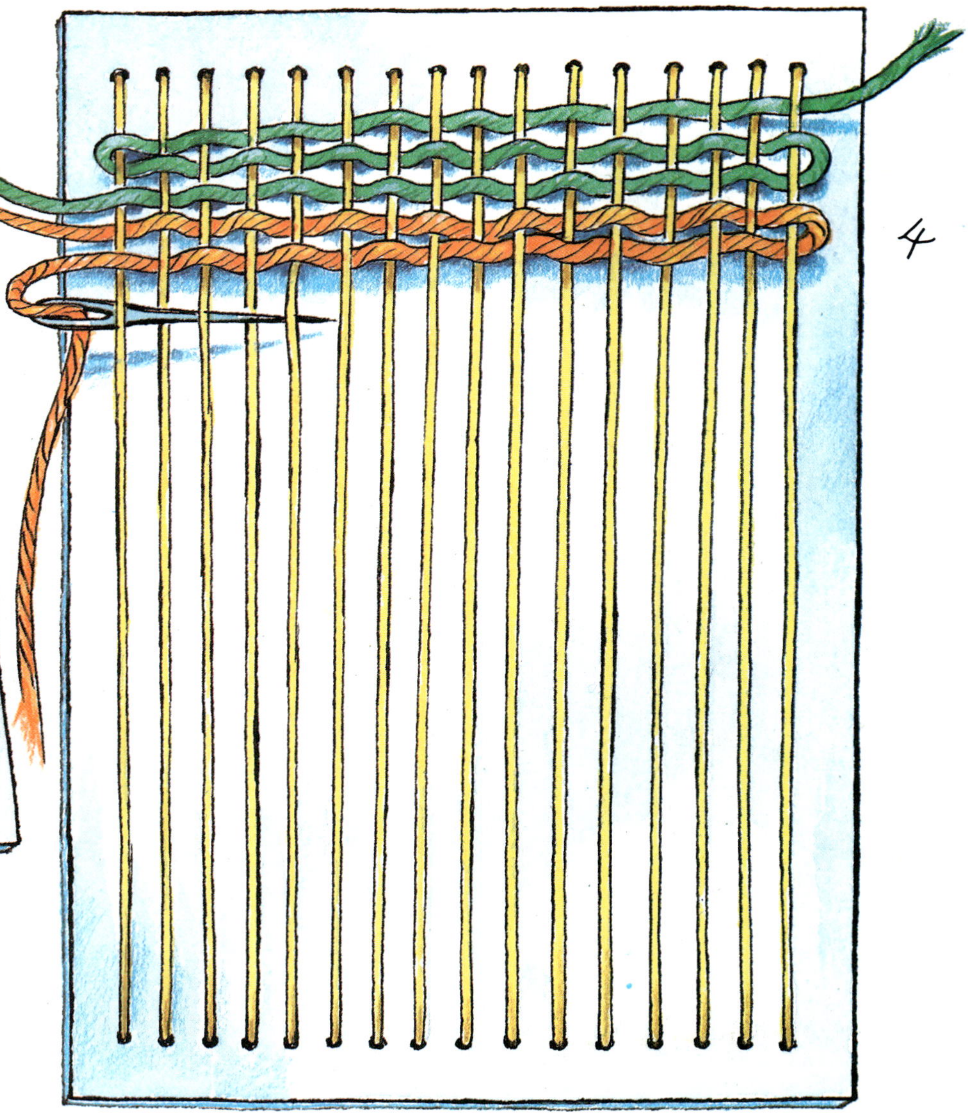
4

Kennst du den Schifferknoten?

Für die Strandreise nach Amerika (auf Seite 104) ist er sehr nützlich. Wie du das Tau legen und knoten mußt, siehst du im Bildkasten. Mit einer Fass-Schlinge kannst du Lasten an einem Kran befestigen. Und auch den Festmacherknoten kannst du oft anwenden.

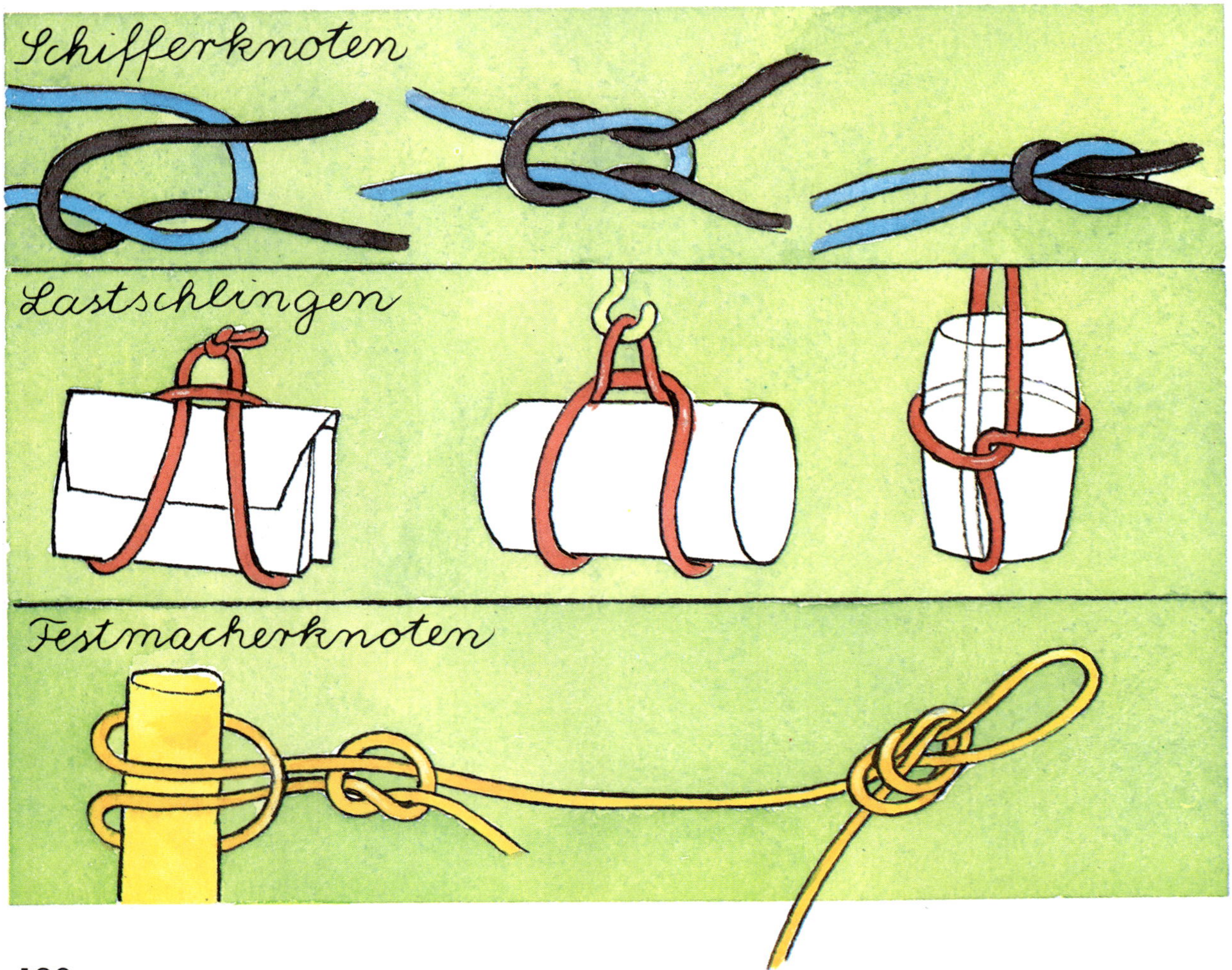

Kannst du flechten?

Am leichtesten lernst du es mit sehr dicken, verschiedenfarbigen Wollfäden. 1 Meter lange Fäden ergeben einen etwa 80 cm langen Zopf. Knote drei Fäden zusammen und befestige sie an einem Türgriff (1). Halte die Fäden stramm und lege rot über blau, schwarz über rot, blau über schwarz, rot über blau usw...

Etwas anders wird mit vier Fäden gearbeitet (2). Hast du die vier Fäden befestigt? Dann beginnst du wieder rechts: Rot über blau legen, grün über rot, schwarz unter rot, blau über grün, schwarz über blau, rot unter blau, grün über schwarz, rot über weiß, blau unter grün, schwarz über rot, blau über schwarz, grün unter schwarz, rot über blau usw...

Aus vier vierfädigen Zöpfen kannst du dir lustige Hosenträger machen: Nähe je zwei Zöpfe zusammen und laß' an jedem Ende eine Lücke für das Knopfloch (3). Schick dazu sind passende Schuhbänder aus dreifädigen Zöpfen.

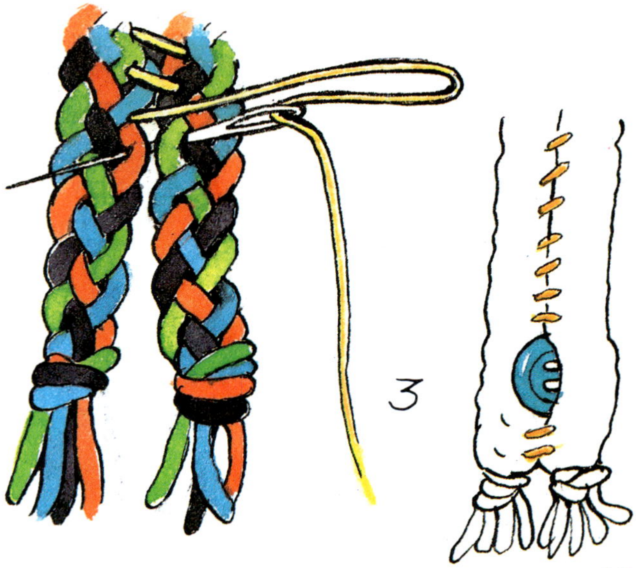

Drucksachen

Alle Materialien mit unebener Oberfläche eignen sich prima zum Drukken: haarige Wolle, faseriges Tau, genoppter Stoff, Sackstoff, Zwiebelnetz. Außerdem brauchst du die Rückseite eines Zeichenblocks als „Druckstock", 1 Farbkasten, 1 Pinsel und Papier zum Draufdrucken.

Zuerst machst du ein paar Druckproben. Dafür bestreichst du ein Stück Kordel oder anderes Material mit Farbe. Nicht zu flüssig, eher dick anrühren. Lege Papier drauf und mache einen Abdruck. Jetzt weißt du, wie dick die Farbe sein muß und kannst dein Bild anfangen (siehe Bildkasten). Es kann sein, daß die Farben zu schnell trocknen, wenn du das Bild in verschiedenen Farben anmalst und alles auf einmal drucken willst. Dann streichst du nur einzelne Teile mit Farbe an und druckst nacheinander. Wenn du das Blatt immer genau auf die Pappe legst, wird der Druck gut. So kannst du auch noch nachträglich Material auf die Pappe kleben und weiterdrucken. Auch der Druckstock ist hinterher ein schönes Bild.

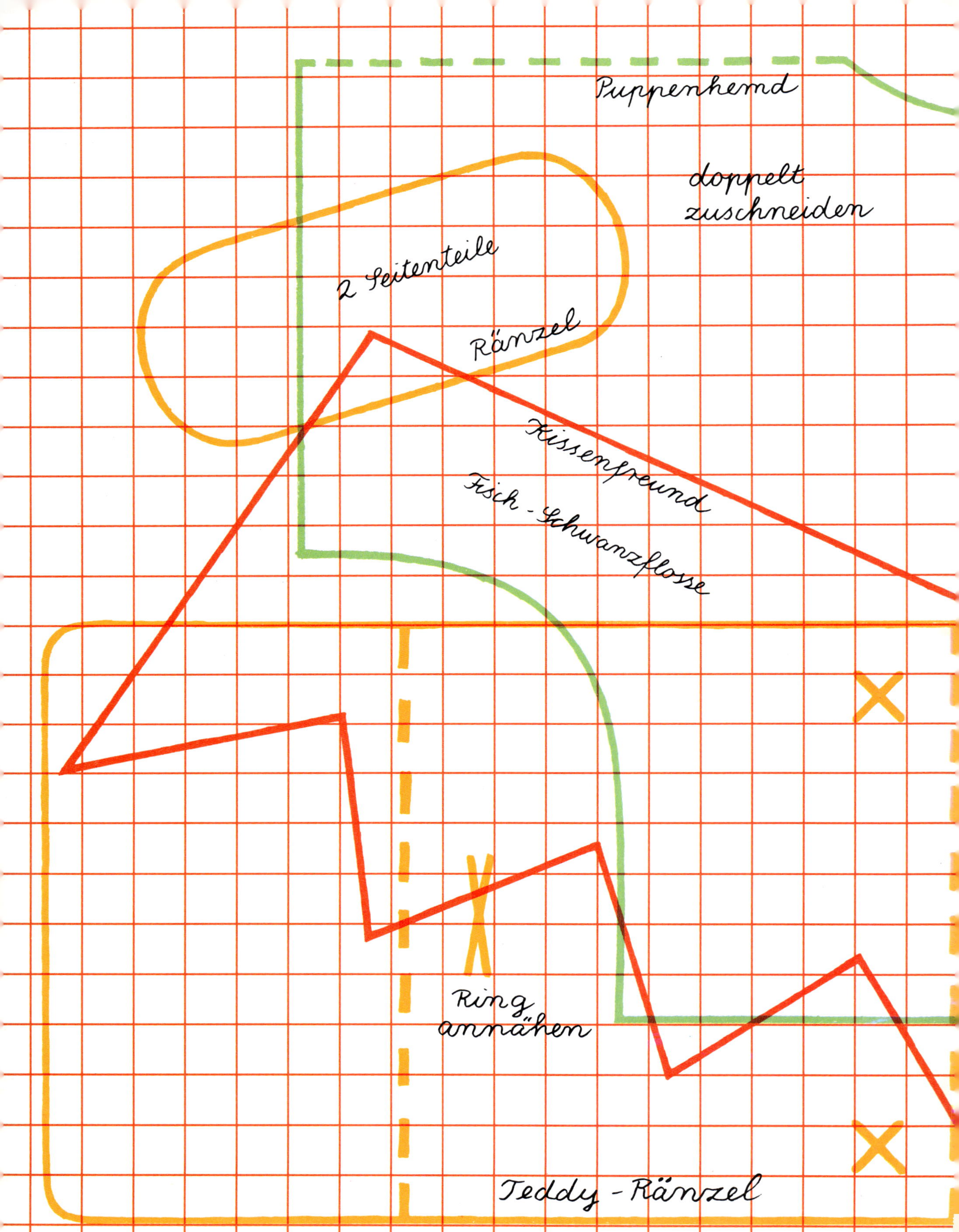
Puppenhemd
doppelt
zuschneiden
2 Seitenteile
Ränzel
Kissenfreund
Fisch-Schwanzflosse
Ring
annähen
Teddy-Ränzel

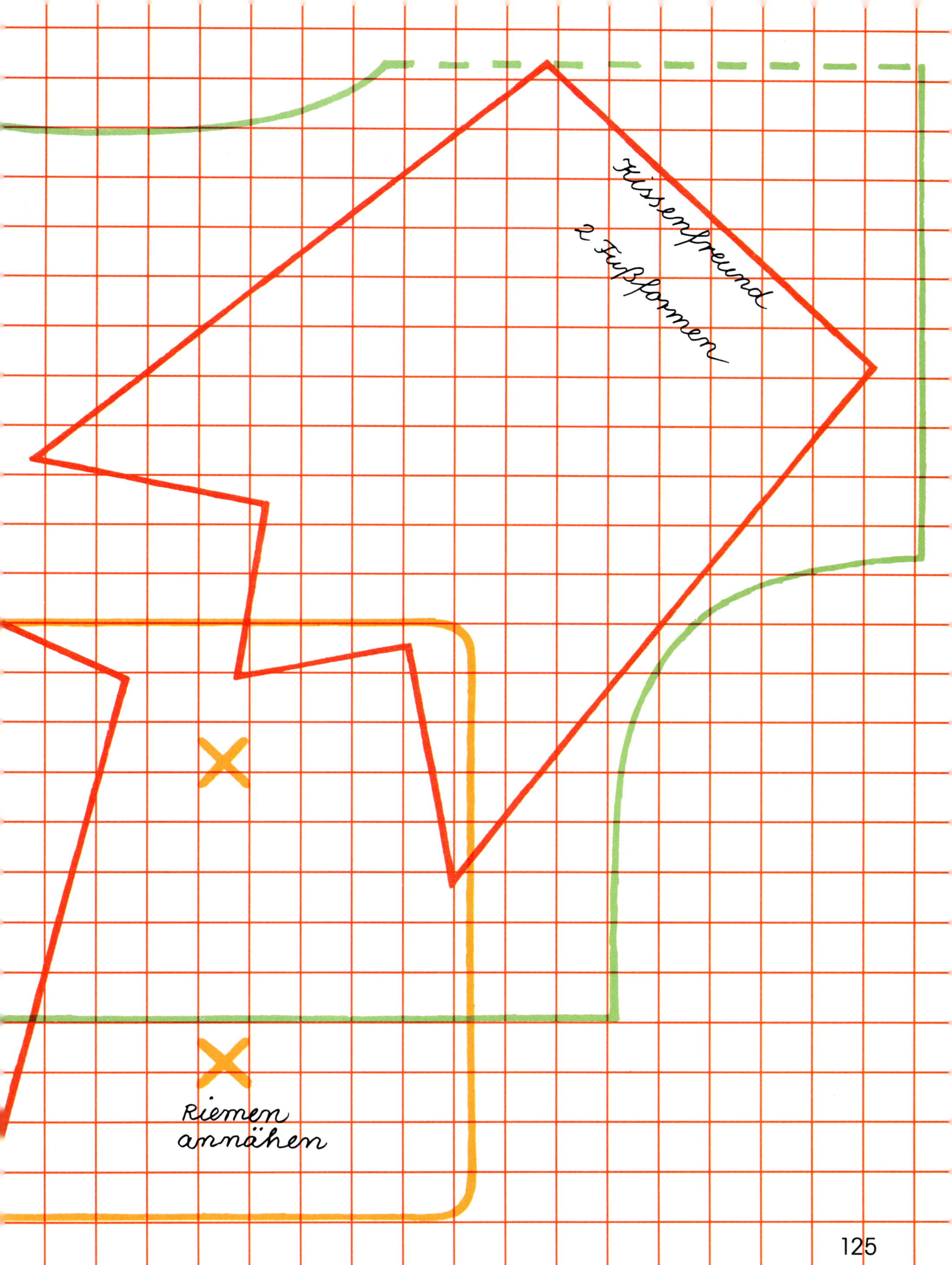
Kissenfreund
2 Fußformen
Riemen
annähen

Dort findest du Anregungen: